★ 课本背后的故事 ★

奇妙的
数学

冷晓红 编著

江西高校出版社
JIANGXI UNIVERSITIES AND COLLEGES PRESS

图书在版编目（CIP）数据

奇妙的数学 / 冷晓红编著 . — 南昌 : 江西高校出版社，
2017.5（2020.6 重印）

（课本背后的故事）

ISBN 978-7-5493-4632-5

Ⅰ . ①奇… Ⅱ . ①冷… Ⅲ . ①中学数学课 – 课外读物
Ⅳ . ① G634.603

中国版本图书馆 CIP 数据核字 (2016) 第 193968 号

出 版 发 行	江西高校出版社
社 址	江西省南昌市洪都北大道 96 号
总编室电话	（0791）88504319
销 售 电 话	（0791）88500223
网 址	www.juacp.com
印 刷	湖南锦泰数字印刷有限公司
经 销	全国新华书店
开 本	787mm×1092mm 1/16
印 张	13
字 数	157 千字
版 次	2017 年 5 月第 1 版
	2020 年 6 月第 2 次印刷
书 号	ISBN 978-7-5493-4632-5
定 价	39.00 元

赣版权登字 -07-2016-573

目录
CONTENTS

第一章 代数

主题引言

　　数学是一门最古老的学科，是人类活动中的一个项目，它的起源可以上溯到一万多年前。

　　在最初的日常生活和生产实践中，人类逐渐产生了记数意识和发明了计数系统。人类摸索过多种记数方法：从结绳记事到用石块记数，再到用符号记数，并逐步发展到今天我们所用的数字。

　　那么，数学是怎样一步一步地发展到现在这个阶段的呢？现在，让我们一起走进数学的王国。

第一节
数的来源及发展

在原始社会，我们那些只会刀耕火种的祖先，并不知道什么是数字，在他们心里也没有数的概念。后来在狩猎和采摘的过程中，他们渐渐发现一只羊和五只羊、一小堆果子和一大堆果子之间的差别，从而有了最原始的"数觉"。又经过了很长一段时间，他们发现了一个果子、一条鱼、一只羊、一棵树、一头狼……之间存在的共性，这便是原始的"单位性"。

随着社会的不断发展，人们的武器和工具越来越先进，捕获的猎物和采摘的果实也开始有了富余，人们便把这些富余的东西拿到最初的市场上，去交换自己没有的东西。那时候的交换，只是简单的以物易物。久而久之，人们又发现，用一个果子去换一只羊是不划算的，因为摘一个果子容易，而捕获一只羊相当难，于是就有了"多""少"和"相等"的概念。

这些抽象的性质就是最早的数。数的使用可以追溯到非常遥远的年代，几乎和火的使用一样古老。和火的使用一样，数的使用对人类文明的发展也有着至关重要的意义。

我们的祖先为了记住这些数，发明了"结绳记事"。《易经》中有关于"结绳而治"的记载。另外，相传在古代波斯，人们也常用在绳子上打结的方法来记录在战争中度过的天数。

结绳记事

后来由于结绳记事的局限性，人们渐渐学会了在石头上刻下简单的符号，或是在兽皮上写下符号来记数。在这种记录中，人们渐渐地形成了数和记数符号的概念。考古学家们就曾在甲骨文和钟鼎文里找到了记数符号的身影，只是这些符号并不规范，而且很难写，能识别的人也很少，便渐渐消失在了历史的长河中。

直到春秋战国时期，我们的祖先才发明了一种叫作"筹算"的计数方法。筹算是指用小木棍或者用骨头做的小棍按照一定的规则摆放，小棍的长短、横竖都可能用到记数和运算中。

在罗马，当地的人们为了记数，则发明了罗马数字：I（代表1）、V（代表5）、X（代表10）、L（代表50）、C（代表100）、D（代表500）、M（代表1000）。虽然只有7个符号，但用不同的组合方式，就可以表示出任意一个数字了。

随着时间的推移，人们发现只记住自然数是远远不够的。举个最简单的例子，10个人一起出门打猎，抓到了9只兔子，那要怎么分呢？于是，分数就产生了。随着社会的发展，人们又发现很多数具有相反的意义，比如增加和减少、前进和后退、上升和下降……为了表示这样的量，人们又发明了负数。正整数、负整数和零统称为整数，如果再加上正分数和负分数，就统称为有理数。

在古希腊，人们认为数是万物之本，为支撑整个自然界和人类社会而存在。因为万事万物都可以归结为数与数的比例，而这种比例就是世界上所有美好事物的源泉。但是，那个时候人们所说的数，还仅限丁整数。

后来，分数的出现，打破了数的不完整性。但很快，人们便发现，分数其实是两个整数之比。但有一个学生在研究1与2的比例中项时，发现没有一个用整数比例写成的数能表示它，于是称它为无理数，这个人就是希伯索斯。人们把有理数和无理数统称为实数。当然，同学们到了高中或大学，还会学习到虚数，这就是后话了。

数学万花筒

　　古埃及作为四大文明古国之一，有着丰厚的历史文化底蕴。古埃及人民崇尚象形，创造的令世人瞩目的金字塔和狮身人面像"斯芬克斯之谜"都是象形的，还发明了象形的数字。

狮身人面像

　　古埃及人发明的最大的单位数字是 10^7，相当于现在的 1000 万。古埃及人认为这个数字已经大到超出人类智慧所能数到的范围，于是他们用初生的太阳表示 1000 万。古埃及的记数方法是十进制，但没有位值的概念，所以与现在位进制的十进制是不同的。

相关阅读

　　阿拉伯数字，是现今国际通用的数字。阿拉伯数字由 0、1、2、3、4、5、6、7、8、9 这 10 个记数符号组成。当表示 10 以上的数字时，则用位值法，高位在左，低位在右，从左往右书写。比如 25，就是由 2 和 5 两个记数符号表示的。另外，借助一些简单的数学符号（小数点、负号等），就可以明确地表示所有有理数，是一种十分容易学习和辨认的记数方法。但是，如果要表示十分大的数字，还是会有一些不便。所以为了方便，人们在此基础上又发明了科学记数法。

公元500年，印度天文学家阿叶彼海特发明了一种简化的记数方法，他把数字记在一个个的小格子里，并赋予每个格子不同的意义，比如在三个不同的格子里放上相同的代表1的符号，那么第一个格子的1就表示1，而第二个格子的1则表示10，第三个格子的1就表示100。这样的话，不仅数字符号本身有意义，数字符号所处的位置也有了意义。后来，印度学者又提出了0的概念。

为什么印度人发明的数字叫作阿拉伯数字呢？

公元771年，阿拉伯人在进攻印度时抓了一批印度的数学家，阿拉伯人强迫印度数学家教他们新的数学符号和数学体系，以及已经发展得很成熟的印度计算方法，也就是我们现用的计算法。

阿拉伯人发现印度的计算法和数字既简单又方便，比他们原用的记数方法好很多，所以阿拉伯的学者们很愿意接受和承认这些先进的知识。印度的数学知识很快在阿拉伯得到了普及，阿拉伯人还把这种记数方法和数字传到了欧洲。经过欧洲人的改进，印度的数学知识就变成了现在我们见到的阿拉伯数字和数学记数方法。

通过阿拉伯人的传播，这种数字成为全世界通用的数字，所以人们称其为阿拉伯数字。

第二节
进位制

同学们可能不知道，世界上最早的记数工具其实是人类的手指。可是随着生产力的发展，人们需要的数字比手指所能表达的数字多得多了，手指根本不能满足需要，所以人们开始发明各种不同的进位制记数方法。最常见的便是满十进一的十进制记数法。

在我国，按照十进制记数法，我们是这样给自然数命名的。自然数列的前九个数，给以单独的名称，即一、二、三、四、五、六、七、八、九。按照"满十进一"的规定，十个一叫作十，十个十叫作百，十个百叫作千，十个千叫作万，十个万叫作十万，十个十万叫作百万，十个百万叫作千万，十个千万叫作亿，亿以上又有十亿、百亿、千亿等。这样，每四个计数单位组成一级，个、十、百、千称为个级，万、十万、百万、千万称为万级，亿、十亿、百亿、千亿称为亿级。

其他自然数的命名，都由前九个数和计数单位组合而成。例如，一个数含有三个千、四个百、五个十、六个一，就被称作三千四百五十六。并且规定，除个级外，每一级的级名只在这一级的末尾给出。例如，一个数含有五个百万，二个十万，六个万，就称作五百二十六万。

世界上还有许多国家并不是以四位为一级，而是以三位为一级，比如十个千不叫万，而是直接叫十千，以此类推到一千个千时，才会给出一个新的名称。这样从低到高，依次是：个、十、百（是个级），千、十千、百千（是千级），密、十密、百密（是密级）等。

除了十进制，二进制也是世界上应用非常广的一种进位制记数方法，多被应用在编程或机器语言当中。那么为什么有了十进制以后，还要有二进制呢？二进制又是什么样的，有什么特别之处呢？顾名思义，二进制就是"满二进一"，二进制的数只有0和1两个数字，根据位值原则，"一"至"十"各数的写法如下：

第一代计算机

一记作 $(1)_2$，二记作 $(10)_2$，三记作 $(11)_2$，四记作 $(100)_2$，五记作 $(101)_2$，六记作 $(110)_2$，七记作 $(111)_2$，八记作 $(1000)_2$，九记作 $(1001)_2$，十记作 $(1010)_2$。二进制相对于十进制来说，更加先进，因为只用0和1两个数字就可以表示出世界上的所有数字。如果能找到两种稳定状态的元件，那么就可以用其来表示二进制的数了。在自然界，这种稳定状态的元件有很多，比如开和关、上和下、有和无……

二进制还可以让计算简化，比如用二进制做加法，对每一位来说只可能有4种情况：有 $0+0=0$，$0+1=1$，$1+0=1$，$1+1=10$。而十进制做加法，情况就要复杂得多，有 $0+0$，$0+1$，$0+2$，…，$1+0$，$1+1$，$1+2$，…，$2+0$，$2+1$，$2+2$，…，$3+0$，$3+1$，$3+2$，…，$9+0$，$9+1$，$9+2$，…，$9+9$ 等100种情况。

二进制和十进制一样，是人类智慧的结晶，它们在不同的地方应用，对于我们来说，同样重要。

数学万花筒

除了十进制和二进制的进位制，进位制还有很多其他的形式。为了标明是哪个进位制中的数，一般会在数的右下角注出进位制的底数。十进数除特殊需要以外，一般不注出底数。

用二进制记数的原则是"满二进一"，例如，零写作 $(0)_2$，一写作 $(1)_2$，二写作 $(10)_2$，三写作 $(11)_2$，四写作 $(100)_2$，五写作 $(101)_2$，六写作 $(110)_2$，七写作 $(111)_2$，八写作 $(1000)_2$……

因为二进制是"满二进一"，所以二进制的各个数位上的计数单位是：从右边起，第一位是一 (2^0)，第二位是二 (2^1)，第三位是四 (2^2)，第四位是八 (2^3)，第五位是十六 (2^4) ……

用八进制记数的原则是"满八进一"，例如，零写作 $(0)_8$，一写作 $(1)_8$，二写作 $(2)_8$，…，七写作 $(7)_8$，八写作 $(10)_8$，九写作 $(11)_8$，十写作 $(12)_8$，…，六十四写作 $(100)_8$……

因为八进制记数的原则是"满八进一"，所以，八进数的各个数位上的计数单位是：从右边起，第一位是一 (8^0)，第二位是八 (8^1)，第三位是六十四 (8^2)，第四位是五百一十二 (8^3) ……

相关阅读

十进制起源于中国，公元前 1400 多年的商代就已经出现了十进制的记数方法。李约瑟指出："在商代甲骨文中，十进制已经明显可见，也比同时代的巴比伦和埃及的数字系统更为先进。巴比伦和埃及的数字系统，虽然也有进位，唯独商代的中国人，能用不多于九个算筹数字，代表任意数字，不论多大，这是一项巨大的进步。"

李约瑟

　　阿拉伯最早的十进制，首见于公元 825 年阿尔·花拉子米关于印度算术的著作，虽然用阿拉伯数字，但其中的十进制概念，分数的表示法，以及加、减、乘、除四则运算的计算程序，和中国的筹算中的四则运算全盘雷同。有学者认为，中国古代的筹算，可能是通过丝绸之路南传柬埔寨、印度，又分两路西传东阿拉伯、西阿拉伯，促成印度—阿拉伯数字体系。

　　欧洲最早有十进制的文献，是一部公元 976 年的西班牙语手稿，比中国应用十进制晚了 2300 年。公元 1000 年左右，教宗思维二世由西班牙带回一种类似于中国算筹版的十进制罗马算版，这种罗马算版划上竖道道，将算版横向分割为许多竖立的格子，格子上端以罗马数字的个、十、百、千、万等标记，用阿拉伯数码在竖格子上书写数字。罗马算版不用 0，而用空白代替，如同中国算筹。

第三节
代数的由来及发展历程

　　中国九年义务教育中，七年级以后，数学被分支为两个学科，一个是代数，一个是几何。那么你知道"代数"这个名字的由来吗？

　　代数学的英文名称是 *algebra*，出自于阿拉伯数学家阿尔·花拉子米的重要著作《还原和对消计算概要》。阿尔·花拉子米在公元 820 年左右写成了这一传世之作，原文是阿拉伯文，拉丁文译名为 *Liberma hucmetideAlgebraetalmuchabala*。12 世纪时，全书常简称为 *algebra*，于

是这个学科就以 *algebra* 为名。

algebra 刚传入我国时，被译为"阿尔热巴拉"。1847 年，英国人伟烈亚力怀揣对中国的向往，来到中国上海学习中文。1853 年，伟烈亚力用中文写了一本《数学启蒙》来介绍西方的数学，其中用到了"代数"一词，这是中文第一次用"代数"表示这个数学分支。

1859 年，李善兰正式使用了"代数"这一名称。同年，伟烈亚力和李善兰两人又合译德摩根的书，定名为《代数学》，这是我国第一本以代数学为名的书。这个名称也一直沿用至今。

李善兰

代数分为两个部分，一部分是初等代数，另一部分是抽象代数。初等代数学是指 19 世纪上半叶以前的方程理论，主要研究某一方程（组）是否可解，怎样求出方程所有的根以及方程的根所具有的各种性质等；而抽象代数则是在初等代数的基础上发展起来的。

代数与算术不同，主要区别在于代数要引入未知数，根据问题的条件列方程，然后解方程求未知数的值。在古代，只有希腊几何学从数学中分离出来，算术与代数在很长时期内都是交错在一起的，人们只能从中归纳出具有代数特点的问题，作为代数学的历史痕迹。代数学发展成为一门独立的数学分支应归功于中世纪的阿拉伯人，阿拉伯数学家系统地研究了二次方程的解法，确定了解方程求未知数是代数学的基本特征，建立了解方程的变形法则，还特别创造了三次方程的几何解法。

中国古代在代数方面也有许多辉煌的成就，《九章算术》中就记载了怎么用算筹解决一次联立方程组的方法。其中还用到了"正负术"，提出了负数的概念，建立了正、负数的运算法则。在古代，中国把开各次方和解二次以上的方程，统称为"开方"。在《周髀算经》和赵爽注以及《九章算术》和刘徽注中已经有完整的开平方法和开立方法。这些都为代数的发展做出了非常重要的贡献。

在中世纪的欧洲，对代数学有较大贡献的是意大利数学家斐波那契，他的《算盘书》是这一时期最重要的数学著作，其中系统地向欧洲人介绍了阿拉伯的算术和代数。16世纪上半叶，意大利数学家塔塔里亚首先得到了三次方程的一般解法，其方法却由另一位意大利数学家卡丹抢先在他的著作《大术》中公布，三次方程的求根公式以"卡丹公式"流传下来。符号代数学的最终确立是由法国数学家韦达完成的，他的《分析术入门》被西方数学史家推崇为第一部符号代数学。韦达建立了方程的根与系数之间的关系，即韦达定理。后来法国数学家笛卡儿改进了韦达创造的符号系统，用 a，b，c……表示已知量，用 x，y，z……表示未知量，现在所使用的大多数代数符号到17世纪中叶已基本确立。

19世纪时期，代数学发生了革命性的变革，线性代数、泛代数、同调代数、范畴等新分支被建立和发展起来。

数学万花筒

丢番图是古希腊数学家，关于他的生平事迹，人们知道得很少。丢番图的《算术》是讲数论的，它讨论了一次、二次以及个别的三次方程，还有大量的不定方程。但就引入未知数，创设未知数的符号，以及建立方程的思想这几个方面来看，丢番图的《算术》完全可以算得上代数。亚历山大时期的丢番图对代数

丢番图

学的发展起了极其重要的作用，对后来的数论学者有很深的影响。

希腊数学自毕达哥拉斯学派后，兴趣中心在几何，他们认为只有经过几何论证的命题才是可靠的。为了逻辑的严密性，代数也披上了几何的外衣。一切代数问题，甚至简单的一次方程的求解，也都被纳入了几何的模式之中。直到丢番图的出现，才把代数解放出来，摆脱了几何的羁绊。他认为代数方法比几何的演绎陈述更适宜于解决问题，而在解题的过程中显示出的高度的巧思和独创性，在希腊数学中独树一帜，他被后人称为"代数学之父"。

相关阅读

阿尔·花拉子米

阿尔·花拉子米，公元 783 年左右出生于花剌子模，是中世纪中亚地区的一位重要数学家。

花拉子米有一个外号叫作花拉子密，其意思是"祖籍花剌子模的人"。后来，人们都亲切地以花拉子密来称呼他，他编著了两部传世之作：《代数学》（《还原和对消计算概要》）和《印度的计算术》。

李善兰，1811 年 1 月出生于浙江海宁，是我国近代著名的数学家、天文学家、力学家和植物学家。

李善兰在数学中最大的成就是创立了二次平方根的幂级数展开式，各种三角函数、反三角函数和对数函数的幂级数展开式，同时，这也是 19 世纪中国数学界最重大的成就。

1852—1859 年，李善兰在上海墨海书馆与英国汉学家伟烈亚力合译欧几里得的《几何原本》后 9 卷，完成了明末徐光启、利玛窦没有完成的事业。

第四节
分数的产生和发展

分数的产生，经历了一个十分漫长的过程。当整数出现之后，随着人类生产力的发展，人们发现整数已经很难再满足人类在记数上的需求了，于是勤劳和智慧的人类，发明了一种新的符号方式——分数。

最早使用分数的国家是中国。我国古代有许多关于分数的记载，如《左传》一书中记载，春秋时代，诸侯的城池，最大不能超过周国的三分之一，中等的不得超过五分之一，小的不得超过九分之一。

我国的分数是在用算筹做除法运算的基础上产生的。当除不尽时，把余数作为分子，除数作为分母，就产生了一个分子在上、分母在下的分数筹算形式。

"八分＋数＋名"是我国古代的一种分数表达法，从汉代到清代一直沿用。东汉张仲景在《金匮要略》蜘蛛散方中写道："右二味为散，取八分一匕，饮和服，日再服。"清代吴鞠通在《温病条辨》加减复脉汤中也记载："水八杯，煮取八分三杯，分三次服。""八分一匕"和"八分三杯"是同类型的分数表达法。

在中国发明了筹算分数的五六百年之后，印度成为世界上第二个掌握分数理论的国家。印度人记录分数的方式和我们的筹算分数一样，但是比我们先进的是，他们运用了阿拉伯数字。而分数线，则是后来由阿拉伯人发明的，于是就有了今天的分数表示的方法。

19世纪，瑞士数学家欧拉在《通用算术》

欧拉

中这样写道：如果想要把 7 米长的绳子分成三等份的话，那是不可能的，因为找不到一个合适的数字来表示它。如果我们把它分为三等份，那么每份就是 $\frac{7}{3}$ 米。$\frac{7}{3}$ 是一种新的数的表达方式，我们把它叫作"分数"。

数学万花筒

埃及同中国一样，也是世界上著名的文明古国。人们在考察古埃及历史时注意到像阿基米德这样的数学巨匠，居然也研究过埃及分数。20 世纪一些最伟大的数学家也对埃及分数进行了研究。例如，沃尔夫数学奖得主匈牙利犹太数学家保罗·埃尔德什和德裔美国数学家恩斯特·斯特劳斯于 1948 年共同提出了著名的猜想：对于所有 $n>1$ 方程，$\frac{4}{n}=\frac{1}{x}+\frac{1}{y}+\frac{1}{z}$。

保罗·埃尔德什

埃及分数也叫单位分数，所有的分子都是 1。古代埃及人在进行分数运算时，只使用分子是 1 的分数，因此这种分数也叫作埃及分数，或者叫单分子分数。当 2 个面包要平均分给 3 个人的时候，古埃及人不知道每个人可以取得 $\frac{2}{3}$，而是说每人 $\frac{1}{2}$，$\frac{1}{3}$。

那么，古埃及的人们是怎么算的呢？首先，把 2 个物品分成 4 个 $\frac{1}{2}$，先给每个人 1 个 $\frac{1}{2}$，剩下的 1 个 $\frac{1}{2}$ 再分成 3 等份，均分结果，每人分到 $\frac{1}{2}$ 加 $\frac{1}{2}$ 的 $\frac{1}{3}$，也就是 $\frac{1}{2}+\frac{1}{6}=\frac{2}{3}$。至今仍保存在大英博物馆的"莱登"草纸，就用很大的篇幅记载着将真分数分解成单分子分数。这种运算方式，遭到现代数学家们的纷纷责难，他们认为埃及人之所以未能把算术和代数发展到较高水平，其分数运算之繁杂也是原因之一。

 **相关阅读**

小数的产生

在分数出现之后，又过了大约 3000 年，人们开始使用小数。

其实，早在公元 3 世纪，我国伟大的数学家刘徽就提出了小数。他在计算圆周率的过程中，用到尺、寸、分、厘、毫、秒、忽等 7 个单位；对于忽以下的更小单位则不再命名，而统称为"微数"。到了宋、元时代，小数概念得到了进一步的普及和更明确的表示，我国南宋数学家杨辉在《日用算法》中记载了两斤换算的口诀："一求，隔位六二五；二求，退位一二五。"即 $\frac{1}{16} = 0.0625$；$\frac{2}{16} = 0.125$。这里的"隔位""退位"已含有指示小数点位置的意义。南宋数学家秦九韶则将单位注在表示整数部分个位的筹码之下，例如：一Ⅲ一Ⅱ表示 13.12 寸，这是世界上最早的小数表示法。

古时候，还没有小数点，最开始的时候，人们把小数部分降低一格表示小数。

16 世纪，德国数学家鲁道夫用竖线来区隔整数部分和小数部分，如 250.93 记作 250 | 93。

17 世纪，英国数学家耐普尔采用了逗号"，"作为整数部分和小数部分的分界点，如 17.2 记作 17,2。

17 世纪，印度数学家研究分数时，首先使用小圆点"·"隔开整数部分和小数部分。于是，小数点正式诞生了。

但事实上，今天世界各地对于小数点的表达方式也还是有所不同的。比如在中国、美国、英国，用小圆点"·"表示小数点；在德国、法国、俄罗斯等国家则用顿号"、"表示。即使同样是用小圆点，但它摆放的位置也有所不同，如中国、美国，小圆点写在整数部分和小数部分中间偏下的位置，如二点五写成 2.5。而英国则写在整数部分和小数部分的中间，如二点五写成 2·5。

第五节
认识负数

对于今天的我们来说，负数已经不是什么陌生的概念了。而且我们能用负数来表示很多需要表达的量。比如用－5℃来表明冬天的寒冷，用－11034 米来表现世界上最深的马里亚纳海沟的深度，等等。但是，在历史上，负数的引入是一个漫长而曲折的过程。

古时候，人们在生产活动中发明了数，随之产生了正整数和 0 这些数字。但是渐渐地人们发现，如果两个人互相借东西用，对于借出方和借入方来说，这同一件东西有着截然相反的两个意义；又或者是从同一个地点出发，往不同方向出发的人走相同的距离，但意义却是不同的。于是，许多聪明的人开始意识到，万事万物有正反之分，数字也应该一样。

据史料记载，在 2000 多年前，我国就有了正负数的概念。古代数学家刘徽在设定负数的概念上立下了不朽的功勋。他首先给出了正负数的定义。他说："今两算得失相反，要令正负以名之。"意思是说，在计算的时候，如果遇到了具有相反意义的量，我们要用正数和负数来区分这些量。当时中国的记数方法为"筹算"，前面解释过，也就是用小棍的不同的摆放方式来表示不同的数。刘徽在此时明确了负数的表示方式："正算赤，负算黑，否则以邪正为异。"也就是说用红色的小棍摆出来的数是正数，而黑色的小棍摆出来的数是负数，或者用正摆的小棍表示正数，倾斜的小棍表示负数。

而负数的计算方法，则是在《九章算术》中被最早提到的："正负数曰：同名相除，异名相益，正无入负之，负无入正之；其异名相除，同名相益，正无入正之，负无入负之。"这句话的意思是，正负数的加减法则是：同符号两数相减，等于其绝对值相减；异号两数相减，等于其绝对值相加。零减正数得负数，零减负数得正数。异号两数相加，等于其绝对值相减；同号两数相加，等于其绝对值相加。零加正数等于正数，零加负数等于负数。这种运算方法和现在的运算法则完全一致，是我国古代数学家们对世界数学的一项杰出贡献。

在四大文明古国之一的印度，有一个叫婆罗摩笈多的人，他在7世纪写成了《婆罗摩修正体系》，里面详细地阐释了关于正负数运算的一些理念，他认为负数在意义上是和负债、损失等同的，其表示负数的方法是用小点或小圈标在数字上面。

而在现代数学的大本营——欧洲，负数的到来则要晚一些。直到15世纪，欧洲才在方程的讨论中出现负数，而且还不被承认。其中，在1484年，法国的舒开曾给出二次方程的一个负根，却又不承认它，把负数说成"荒谬的数"。1545年，法国数学家卡尔达诺虽然承认方程中有负数，但他称负数为"假数"，他认为只有正数才是"真数"。韦达则完全不要负数。而笛卡儿则是部分地接受了负数，他把方程的负根称作"假根"。

18世纪以后，由于负数的运算法则在直观上是可靠的，它并没有在计算上发生问题，正如法国数学家达朗贝尔所说："对负数进行运算的代数法，任何人都是赞成的，并认为是正确的，不管我们对这些数有什么看法。"负数才得以在欧洲得到最终的确立。

后来，负数在数学运算中所起到的作用越来越大，欧洲的科学家们才真正地敞开胸怀，接纳负数，在这个过程中，我们应该记住两个人的名字，他们分别是德国数学家魏尔斯特拉斯和戴得金。他们为让负数获得应有的地位做出了相当大的努力。

数学万花筒

在现实生活中，我们很难用直观的方法去了解负数。但还是有许多智慧的人们，意识到这个抽象的数学概念——负数的存在。20世纪匈牙利的数学家保罗·埃尔德什就是其中之一。

埃尔德什从小就十分聪明，他还在4岁的时候，就已经意识到了负数的存在。有一天母亲正在教埃尔德什学习算术，埃尔德什问母亲，如果用100减去250，岂不是就会得到一个比0还小150的数？这位聪慧的少年在后来的学术生涯中做出了许多的贡献，是数学界一位相当多产的大师。

相关阅读

估计很多人都有一种认识，认为负数在现实生活中所起的作用不是很大，它更多的是一种理论上的存在，而在现实中的意义远远没有正数大。然而，这是一个很大的误区，因为负数在生活中的价值并不比正数小。

实际的生活中有相当多的例子都可以证明这一点，例如，企业的经营状况可以用正数来代表收益，负数代表亏损和损耗；在直升机的操作过程中，正数会用来表示上升的高度，而负数则用来表示下降的高度；家用电器中的空调也能让负数派上用场，温度增加用正数表示，而温度下降则用负数表示；钟表转动的角度也是负数大展身手的好地方，顺时针的旋转可以定义为正，而逆时针的旋转则定义为负。这样的例子还有很多很多，这里就不一一列举了。所有的例子都表明负数不仅在理论上有着充分的存在意义，在现实生活中也有着极为重要的存在价值。

第六节
无理数的发现

有理数是一个整数 m 和一个非零整数 n 的比，通常写作 $\frac{m}{n}$，也称作分数。"成比例的数"是其在希腊文中的解释，后来人们就在此基础上得出无理数的定义的一个标准：不是有理数的实数就称为无理数。

人类有一个特点，就是喜欢从已知到未知，从一个既成观念推进到另一个的新的概念，从而取得新发现和突破。这种思路在大多数情况下是有效的，但对于数学上的无理数，其却显得有些力不从心，就像这个概念的名字一样，它是无理数，要想通过常规的道理获得突破会很有难度。

　　无理数很早就为人们所熟知，但一直都停留于知道的阶段，没有人可以用理论来解释它是一种什么样的存在。因此就用这样一个有些情绪化的表达来定义这类数字。无理数，就是没有道理的数。

　　既然现在还不能知道无理数的核心奥秘，我们就先从其发现的过程来一步步揭开它的神秘面纱。说到无理数的发现，就不能不提到一个众所周知的数学原理——勾股定理，即在一个直角三角形中，如果两条直角边的长度分别为三和四，那么斜边的长度一定是五。此定理来源于中国古代著名的《周髀算经》，原文为"勾广三，股修四，径隅五"，不过将其称之为定理还是显得有些牵强，因为当时大家只是发现了这样一个现象，还谈不上从这个现象出发，研究和分析出现象背后的普遍规律。

　　而西方的毕达哥拉斯学派在这个问题上就要走得远一些，他们通过图形的面积剖分（如下图），发现两个正方形的面积是相等的，如果把两个正方形中三角形的面积都减去，勾股定理就被证明了。

　　从这个定理中可以知道，如果两个直角边长分别为 $a = 1$ 和 $b = 1$，则斜边长 $c = \sqrt{2}$。但是，$\sqrt{2}$ 不能表示为两个整数比的形式，这个命题的证明最早出现在亚里士多德的著作中。证明用的方法是反证法，假设

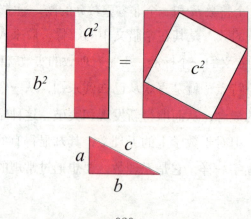

$\sqrt{2}$能够表示为两个整数比的形式，即$\sqrt{2}=\dfrac{b}{a}$，其中a和b为整数且没有公因数。则$a^2=2b^2$，于是a^2为偶数，由于只有偶数的平方才能为偶数，任何一个奇数可以表示为$2n+1$的形式。由$(2n+1)^2=4n^2+4n+1$得知，奇数的平方必为奇数，所以a为偶数。因为a和b没有公因数，a为偶数则b必为奇数。因为a为偶数，可设$a=2c$，其中c为整数。则$a^2=4c^2$，于是有$4c^2=2b^2$和$2c^2=b^2$，则b^2为偶数即b为偶数。b不可能又是奇数又是偶数，所以，假设不成立，也就是$\sqrt{2}$不能表示为两个整数比的形式。

这一结果与古希腊人的传统观念十分矛盾，因为在其知识体系中，一切事物都可以用整数或者整数的比来度量。$\sqrt{2}$则完全超出了他们的理解范畴，于是古希腊人就将其称之为无理数。

公元前500年，一位名叫希伯索斯的古希腊人发现了一个让所有人都震惊的事实：一个正方形的对角线与其一边的长度是不可公度的。这一结论给他带来的不是荣誉和嘉奖，而是巨大的危险。因为希伯索斯是毕达哥拉斯学派的弟子，而这个学派的一个重要主张是"万物皆为数"。如果希伯索斯的这一发现被广为传播并被证明是客观存在的话，那么毕达哥拉斯学派在学术界的权威和影响力将会受到很大的冲击，因此他们把希伯索斯囚禁了起来，并对其进行百般折磨，最后甚至采取了令其沉舟死亡的残酷手段。

希伯索斯虽然为了科学丧失了性命，但他的发现对后世影响极大，这种影响不仅在于发现本身揭示了有理数系的缺陷，更在于其对科学思维的巨大冲击，让人们对以往那些理所当然的观念产生了质疑，也让依靠感

希伯索斯

性和经验的判断走向了末路，促使人们不断地去寻找更有说服力更理性的证明方式，还在一定程度上，推动了公理几何学与逻辑学的发展，孕育了微积分的思想萌芽。

希伯索斯之后，人们一直在思考两个数不可通约的本质是什么，而两个数不可通约的比值也被认为是不可理喻的数。15世纪意大利著名画家达·芬奇称之为"无理的数"，然而，真理毕竟是淹没不了的，人们为了纪念希伯索斯这位为真理而献身的可敬学者，就把不可通约的量取名为"无理数"。这就是无理数的由来。

虽然无理数早在古希腊时代就被发现，但它的严格理论直到19世纪末才被数学家们建立起来，并将有理数与无理数统称为实数。实数能够与直线上的点形成——对应，至此，终于了却了数学家们的一桩心愿。

数学万花筒

有理数的出现

有理数，是指整数和分数的统称，任何有理数都可以表示为 $\frac{m}{n}$ 的形式，其中 m、n 为整数，且 $n \neq 0$。λουσσ是其希腊文，最基础的含义是"成比例的数"，而在翻译成中文的过程中出现了一些误差，就成了有理数。

符号 $\frac{m}{n}$ 脱离了它同测量过程及被测量的量的具体关系，这是人类长期实践过程中的一大发现，也正因为如此，它被看作是一种纯粹的数，它和自然数的地位不相上下，当 m 和 n 是自然数时，就称符号 $\frac{m}{n}$ 为有理数。

相关阅读

埃及人早在大约公元前1000年就开始运用分数了。在公元前500年左右，以毕达哥拉斯为首的希腊数学家们意识到了无理数存在的必要性，直到17世纪，实数才在欧洲被广泛接受。18世纪，微积分学在实数的基础上发展起来，1871年，德国数学家康托尔第一次提出了实数的严格定义。

康托尔

实数可以分为有理数和无理数两类，或分为正实数、负实数和零三类；有理数可分成整数和分数，而整数可以分为正整数、零和负整数，分数可以分为正分数和负分数；无理数可以分为正无理数和负无理数。实数集合常用字母 R 表示。

第七节
函数的产生及其发展

要想很好地理解一个数学概念，这里有一个小窍门，那就是研究不同时期的数学家对这一概念的定义。在这样的分析过程中，你会发现数学概念从萌芽到不断更正完善的全过程，对于其中的种种问题也能有更为深刻的认知。

在正式讨论函数的定义演变之前，先要给大家介绍一个关键的元素——变量。变量是指没有固定的值，可以改变的数。其通常用字母来表示，平时我们在函数书中看到的 x 和 y 都属于此类。变量是函数最重要的组成部分，可以说有了它，才有了函数。

"函数"一词最初是由德国的数学家莱布尼茨在 17 世纪首先采用的，当时莱布尼茨用"函数"这一词来表示变量 x 的幂，即 x，x^2，x^3……接下来莱布尼茨又将"函数"这一词用来表示曲线上的横坐标、纵坐标、切线的长度、垂线的长度等所有与曲线上的点有关的变量。就这样，"函数"这个词逐渐盛行。不过，他还没有正式为函数做出具体定义。

对函数首先进行定义的是莱布尼茨的学生瑞士数学家约翰·伯努利，1718 年，伯努利指出函数的定义为："由某个变量及任意一个常数结合而成的数量。"意思是凡变量 x 和常量构成的式子都叫作 x 的函数。伯努利所强调的是函数要用公式来表示。其实，这在无形之中大大地压缩了函数的适用范围，是一个不大不小的缺陷，这也为后来的数学家推翻他的这个定义埋下了伏笔。

伯努利

1755 年，约翰·伯努利的学生瑞士的数学家欧拉提出了一个新的函数定义："如果某些变量，以某一种方式依赖于另一些变量，即当后面这些变量变化时，前面这些变量也随着变化，我们把前面的变量称为后面变量的函数。"

在此定义中，欧拉果断地摒弃了以公式作为函数判断标准的思路，大胆地将所有在坐标系上随意画出的曲线都称之为函数。欧拉曾把画在坐标系上的曲线也叫函数。这一点在当时引起了很大的轰动，也引起了很多保守数学家的质疑。他们把能用公式表示的函数叫"真函数"，把不能用公式表示的函数叫"假函数"。

函数定义发展到欧拉的这一步，其实可以说已经是很大的进步了，不过这离真正的完善还有很长的一段距离，数学家继续在这条道路上披荆斩棘，开拓创新。

柯西

1821 年，又一个函数定义出现在了人们面前，它的作者是法国数学家柯西，其内容为："在某些变数间存在着一定的关系，当一经给定其中某一变数的值，其他变数的值可随着而确定时，则将最初的变数叫作自变量，其他各变数叫作函数。"此定义有很大的建设意义，因为他首次提出了自变量的概念。

1834 年，俄国的罗巴契夫斯基在柯西的定义基础上更进一步明确地指出："x 的函数是这样的一个数，它对于每一个 x 都有确定的值与之对应，并且随着 x 一起变化。函数值可以由解析式给出，也可以由一个条件给出，这个条件提供了一种寻求全部对应值的方法。函数的这种依赖关系可以存在，但仍然是未知的。"此定义对变量之间的对应关系做出了强调，认为利用这个关系，可以求出每一个 x 的对应值。

1837 年，罗巴契夫斯基的定义也遭遇到了后来者的挑战。德国的数学家狄利克雷提出："如果对于 x 的每一个值，y 总有一个完全确定的值与之对应，则 y 是 x 的函数。"这一定义抓住了函数的本质属性，变量 y 称为 x 的函数，只需有一个法则存在，使得这个函数取值范围中的每一个值，有一个确定的 y 值和它对应就行了，不管这个法则是公式或图像或表格或其他形式。

然而这个定义虽然比前面的定义更具有普遍性，但也还存在着不足。直到德国著名数学家康托尔以集合论的全新观点来统领函数时，函数的定义才暂时告一段落，集合论的函数也是当前数学界普遍认可的观点。

中文数学书上使用的"函数"一词是转译词，是我国清代数学家李善兰在翻译《代数学》一书时，把"*function*"译成"函数"的。中国古代"函"字与"含"字通用，都有着"包含"的意思。李善兰给出的定义是："凡式中含天，为天之函数。"中国古代用天、地、人、物四个字来表示四个不同的未知数或变量。这个定义的含义是：凡是公式中含有变量 x，那么这个式子就叫作 x 的函数。所以"函数"是指公式里含有变量的意思。

现在中学课本函数的定义是：设 A、B 是两个集合，如果按照某种对应法则 f，对于集合 A 中任何一个元素，在集合 B 中都有唯一的元素和它对应，这样的对应叫作从集合 A 到集合 B 的映射，记作 $f:A \rightarrow B$，当集合 A、B 都是非空的数的集合，且 B 的每一个元素都有原象时，这样的映射 $f:A \rightarrow B$ 就叫定义域 A 到值域 B 上的函数。

数学万花筒

函数只有一种类型吗？

函数只有一种类型吗？不是的，函数的内涵非常丰富，其包含的类型多种多样。如果有人有兴趣去统计的话，只是函数的类型就可以写成厚厚的一本书，因为它们内部所蕴含的信息实在是太过庞杂了。

具体而言，单代数方程式就包括多项式和有理数函数两种类型，而多项式函数又包括一次函数，如 $f(x) = 3x$；二次函数，如 $f(x) = x^2$。

而且函数并不仅仅指我们常见的代数方程式和多项式函数两种，还包括被叫作指数函数的非代数函数以及被叫作对数函数的反函数的指数函数。而在康托尔集合论的世界中，函数的内涵更为让人震惊，简单地统计一下，就可以列出下面一长串名单：正弦、余弦和正切函数关系的三角函数，连续或不连续函数、超越函数，实数和复数函数（所有这些都可能与代数有关或无关），而且这个名单可以一直列举下去。

相关阅读

　　勒内·笛卡儿，1596年3月31日生于法国安德尔卢瓦尔省，1650年2月11日逝于瑞典斯德哥尔摩，是法国著名的哲学家、物理学家和数学家。

勒内·笛卡儿

　　笛卡儿对现代数学的发展做出了重要的贡献，因将几何坐标体系公式化而被认为是解析几何之父。他还是近代唯物论的开拓者，提出了"普遍怀疑"的主张。他的哲学思想深深地影响了之后的几代欧洲人，开拓了所谓"欧陆理性主义"哲学。

　　柯西，1789年出生于巴黎，他的父亲路易·弗朗索瓦·柯西是法国波旁王朝的官员，在法国动荡的政治旋涡中一直担任公职。由于家庭的原因，柯西本人属于拥护波旁王朝的正统派，是一位虔诚的天主教徒。

　　柯西在数学领域有很高的建树和造诣，很多数学的定理和公式都以他的名字来命名，如柯西不等式、柯西积分公式，等等。

第八节
方程的产生和发展

方程是数学中一个相当重要的概念，其对于解决很多代数问题具有至关重要的意义。那么，如此重要的方程是怎么产生的呢？这其中其实还有许多有趣的故事。

在小学的数学教材中，方程的定义是：含有未知数的等式叫作方程。但是从这个定义中丝毫没有体现有"方"的意思，为什么还叫作"方程"呢？

事实上，"方"与中国古代数学的发展息息相关。方程的"方"字取的是"列筹成方"之义。看到这里，大家估计会感到更加迷惑了，"列筹成方"又是什么意思呢，和"含有未知数的等式"之间有什么关系？

要说清楚这个问题，就要追溯到中国古代的著名计算工具算筹了。在我国古代，我们的祖先用竹子制成许多小竹棒，这些小竹棒就叫"算"，或者叫"筹"，我们现在把它叫作"算筹"，用算筹来计算的方法叫作"筹算"。算筹虽然看起来很简单，但运用起来却很有效果，因为筹算有一套十分健全、完整的方法。它们可以完成乘除、开方、解方程组等运算，相当神奇，这里还需要特别提到的是筹算所采用的进位法是当时最先进的十进制，计算不仅方便，还很准确。此时，估计又有人会有疑问了，就凭几根小棍，怎么能表示方程呢？下面就让我们通过大数学家刘徽在《九章算术注》中的一个例子来具体说明这个问题。

刘徽在一个名为"方程"的小节中提到这样一个题目："今有上禾三秉，中禾二秉，下禾一秉，实三十九斗；上禾二秉，中禾三秉，下禾一秉，实三十四斗；上禾一秉，中禾二秉，下禾三秉，实二十六斗。

问：上、中、下禾实一秉各几何？"这里先给大家解释一下其中提到的一些特殊的点，比如说"禾"指的是黍米，"秉"指的是捆，"实"是指打下来的粮食。

按照刘徽的说明，用算筹表示的结果就是下面这幅图：

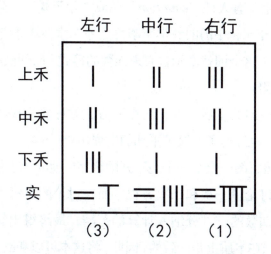

大家可能还是有些一头雾水的感觉，没关系，将刘徽的题目和图示转化成现代数学语言就很容易理解了。要写成现在的方程，就得先设未知数，用 x、y、z 分别表示一秉上禾、中禾、下禾各几斗，于是就得到下面这个三元一次方程组：

$$\begin{cases} 3x + 2y + z = 39 \text{（右行）} \\ 2x + 3y + z = 34 \text{（中行）} \\ x + 2y + 3z = 26 \text{（左行）} \end{cases}$$

从上面的三元一次方程组，我们就可以知道，在"方程"这个词里，"方"就是"列筹成方"的意思，刘徽用算筹从右向左布列的筹码方阵不就是一个长方形吗？"程"就是"课程"，所以"方程"就是"列筹成方的课程"。

　　不过，历史毕竟是在不断前行的，数学也一样，算筹虽然在长达两千年的历史中发挥了重要的作用，但本身也还是有缺陷的。所以在公元 7 世纪之后，算盘逐渐取代了算筹的位置。

　　方程的英语是"*equation*"，就是"等式"的意思。这里当然不会有"方"的含义。清朝初年，有人把"*equation*"译成"相等式"，到清朝咸丰九年（公元 1859 年），中国的数学家李善兰等人才将其译成"方程"。从那时起，"方程"这个词就表示含有未知数的等式。而刘徽所说的"方程"就叫作"方程组"了。

　　这是方程在中国的发展演变，而在西方，方程作为代数学中一门至关重要的工具，也经历了一段不平凡的发展历史。

　　要谈算术，丢番图一定是一个绕不开的名字。他的代表作《算术》中，已经详细地讨论了一次和二次方程，而在讨论的过程中，他都是将未知数当成已知数的一部分纳入计算的范畴，最终得出答案，这样的思路其实和方程在本质上是一致的，因此，将这本可以和欧几里得《几何原理》相媲美的巨著称之为"代数"更为准确。不过，这些都是后话了。

　　9 世纪以后，丢番图的许多书传到欧洲，对欧洲产生了巨大的影响。12 世纪末，意大利数学家斐波那契的著作——《算盘书》传播并发展了丢番图的解方程的理论，特别值得一提的是，斐波那契用特殊的方法解决特殊类型的方程具有惊人的技巧。

📚数学万花筒

　　对于方程的发展，以下的几个时间节点值得特别关注：

　　公元前 19 世纪至公元前 17 世纪，古巴比伦人获得了解决一次和二次方程的方法。

公元前 4 世纪，欧几里得在《几何原本》中提出了一种二次方程的新解法，那就是几何形式法。

公元 1 世纪，中国的《九章算术》中提出了三次方程和一次联立方程组的解法，并首次运用了负数。

公元 3 世纪，大数学家丢番图运用有理数去求一次和二次不定方程的结果。

欧几里得

公元 13 世纪，中国金元时期的数学家李冶在《测圆海镜》中提出的天元术解开了一元高次方程。

公元 16 世纪，三次和四次方程的解法被意大利数学家发现。

 相关阅读

代数式和多项式

用字母代替数是数学从算术发展到代数的重要标志。比如用 r 表示一个圆的半径，那么 πr^2 就表示这个圆的面积；如果分别用 a、b 表示直角三角形的两个直角边，则该三角形的面积就是 $\frac{1}{2}ab$。一般地，把用加、减、乘、除、乘方、开方等数学符号联结在一起的表示数的字母组成的式子称为代数式。一个数或一个字母也叫作代数式，比如 πr^2，$\frac{1}{2}abx$，$\sqrt{x}$，a 等。代数式中的字母一般可以任意取值，用给定数值代替代数式里的字母所得到的结果，叫作代数式的值。比如 $a=1$，$b=2$ 时，$\frac{1}{2}ab=1$。

代数式可以分成很多种，没有加减符号连接的代数式叫单项式，比如 x，$3y$ 等；有加减号连接的代数式称为多项式，比如 $2x+1$，$3x^2-$

$x+1$ 等。一般地，形如 $a_nx^n+a_{n-1}x^{n-1}+\cdots+a_1x+a_0$ 的代数式称为关于 x 的一元 n 次多项式（n 为非负整数，$a_n \neq 0$）。a_nx^n 为多项式的 n 次项，a_n 称为 n 次项的系数，中学阶段，学生们学习的多是一元二次多项式，比如 $2x^2+3x+1$ 等。代入一元 n 次多项式后所得代数式的值为 0 的 x 的值，称为多项式的根。

伽罗瓦

关于多项式根的研究在数学史上曾经持续了好几百年，法国数学家伽罗瓦在这方面做出了杰出贡献，开创了现代代数学。关于多项式根的研究目前仍然是数学家们关注的热点。

第二章
几何

主题引言

几何学的历史悠长，内容丰富。它是数学中最基本的研究内容之一，与分析、代数等具有同样重要的地位，并且关系极为密切。

几何思想是数学中最重要的一类思想，目前的数学各分支发展都有几何化的趋向，即用几何观点及思想方法去探讨各数学理论。

几何发展到现在，除了传统的几何学之外，还有闵可夫斯基建立的"数的几何"，与近代物理学密切相关的新学科"热带几何"，探讨维数理论的"分形几何"，还有"凸几何""组合几何""计算几何""排列几何"和"直观几何"等。

第一节
几何的由来

我们天天都在学几何，也清楚几何研究的对象就是平面以及空间里形状、大小和位置关系的一门学科，但很少有人会去思考"几何"这个词汇的由来。其实"几何"最早的含义是"多少"，比如曹操就曾经赋诗曰："对酒当歌，人生几何？"那么为什么这样一个词会成为一门学科的名字呢？

究其原因，还得追溯到古希腊时期。当时希腊产生了一门学科，叫作"测地术"，就是用来测量土地的一门学科，其中涉及一些山川河流的长度、位置、形状等元素。而希腊人就把"土地"和"测量"两个单词拼到了一起，合成了一个新的词汇：γεωμετρία。

然而在当时，这门学科刚刚传到中国不久，国内学术界对其翻译比较混乱。明代的数学家徐光启在和利玛窦一起翻译欧几里得的《几何原本》时，对这个词感到很头疼，他们商讨了许久都不知道该把这个词翻译成什么。后来还是徐光启灵感一现，把它称为了"几何"。

但当时美国基督教北长老会传教士狄考文与邹立文、刘永锡在编译与几何有关的学术书籍时，就把这个词翻译为"形学"，意思是与形状有关的科学，这在当时也被很多人所认同。但是随着时间的推移，因为"几何"不仅在发音方面与外来的单词类似，而且"几何"本身也囊括多少、多长、多远等含义，于是越来越被人所认同。到了20世纪以后，中国人基本上已经把舶来品"测量术"都称为"几何"。而原本流行的"形学"一词就鲜有人提及了。

现在我们学习的初等几何学基本上传承的是欧氏几何，欧几里得所研究的几何讨论的是点、线、面、圆等形状在运动下不变性质的科学。意思就是说，欧氏几何去掉了琐碎的因素，只保留了最简单的空间形状、关系、大小、距离等定量作为自己研究的对象。比如说两个城市之间的距离，在真实情况下，它其实是在变化的。因为它受到了地壳运动、地球自转公转等力量的影响。但是欧氏几何剥离了这些细琐的元素，把它看作是运动不变量。也正因为这样，我们才能有诸如勾股定理等计算公式的产生，才能用最简单的方法去得到最接近于事实的数据。

现在中学所学的三角函数的理论是 15 世纪才发展完善起来的，但是它的一些最基本的概念，却早在古代研究直角三角形时便已形成。因此，三角学被划在了初等几何之下。

古代埃及、巴比伦、中国、希腊都研究过有关球面三角的知识。公元前 2 世纪，古希腊人希帕恰斯制作了弦表，可以说是三角的创始人。后来印度人制作了正弦表；阿拉伯的阿尔·巴塔尼用计算 $\sin\theta$ 值的方法来解方程，他还与阿布尔·沃法共同导出了正切、余切、正割、余割的概念；哥白尼的弟子赖蒂库斯制作了较精确的正弦表，并把三角函数与圆弧联系起来。

随着科学的发展，我们对关于三角形和圆的初等综合几何的探究也在不断进步。比如 19 世纪以来，人们对几何的研究已经从平面延伸到了立体，从圆到球，从矩形到立方体。而且几何学已经深入到了生活的各个方面，比如产品设计学、机械设计学、建筑学等。

如今，几何已形成结构严密的科学体系，成为数学中的一个重要分支，是训练逻辑思维能力与空间想象能力的最有效的学科之一。

数学万花筒

几何与代数，本来是数学中两个不相关的独立分支，因为它们不论是从研究对象还是从研究方法上，都有各自的领域，但随着对数学的深入理解，人们发现，几何和代数是可以结合的。于是就有了解析几何的出现，之后又衍生出了可以研究变量的变量数学。

克莱罗

说到解析几何，大家自然会想到诸如横坐标、纵坐标这样的词汇，这些词汇最早出现于 17 世纪末期，由莱布尼茨提出。1731 年，年仅 18 岁的法国数学天才克莱罗就写出了全世界最早关于空间解析几何的著作——《关于双重曲率曲线的研究》，成为法国科学院有史以来最年轻的院士。1748 年，瑞士数学家欧拉出版了《无穷小分析引论》，这本书奠定了现代意义上的解析几何学。当时间再往后延续，拉格朗的有向线段理论、格拉斯曼的多维空间概念也陆续出现，多维解析几何就此诞生。

相关阅读

我国几何的发展史

几何虽然被公认为是"希腊出品"，但事实上古代中国对几何的研究也早在公元前十三世纪左右就已经出现了。从现今出土的甲骨文中，我们可以发现那个时候人们已经开始用"规""矩"等专门工具来测量物体的形状、大小。"规""矩"的作用是规范物品的形状和大小，而我们现在常说的"规矩"，其实就是这么来的。

后来，《周髀算经》和《九章算术》的出现证明了古人对图形面积已经有了比较深入的研究。而公元前4世纪完成的《墨经》里，更是明确了几何概念的定义。而我们熟知的古代数学家刘徽、祖冲之父子也在中国的几何学发展史上有着各自的重要贡献。

徐光启

但是正如前面所说，中国最初对几何的叫法是"形学"，这个称呼在17世纪以前都很流行。即便是徐光启和利玛窦在翻译了《几何原本》之后，"几何"这个词也没有产生特别大的影响，因为当时人们还是习惯于用"形学"来称呼这门学科。然而到了20世纪初，这一情况开始转变，比如《形学备旨》在第11次印刷的时候，就被后人改名为《续几何》。再往后，"几何"一词越来越流行，"形学"便鲜被人提及了。

第二节
圆周率的历史

说到"π"这个符号，大家一定都不会陌生，它被称为圆周率，是圆的周长和直径之比。这是一个常数，也就是说无论圆有多大或者多小，只要是一个标准的圆，这个数就不会改变。因为有这个规律，就给我们计算圆的周长和面积提供了很多方便。

对于圆周率的研究，其实古代的中国、印度、巴比伦都有。比如约公元前 3 世纪初，古希腊数学家欧几里得就在《几何原本》中提到圆周率是一个常数。而公元前 2 世纪，中国的《周髀算经》里面也出现了"径一而周三"的记载，意思就是说圆直径和圆周的比例大概是 1：3，这已经和我们现今所熟知的 $\pi = 3.1415926$ 非常接近了。

事实上，在古代，人们从实践中得出的圆周率的数值大部分都是 3，在当时来说，已经相当不错了。不过也有更精确的计算，比如在公元前 17 世纪的古埃及遗址中，人们就发现了当时的人对于圆周率的计算已经精确到了小数点后三位，即 3.164。中国东汉时期，也有人将 π 值计算到了 3.16。

而古希腊数学家阿基米德在研究圆周率数值的时候，则使用了更为巧妙的方法——首先把一个圆内接和外切成为正 6 边形，通过两个 6 边形的差值来计算圆周率。这样算当然不够准确，所以他又逐渐增加多边形的边，直到增加为 96 边形，这已经和圆非常接近了。通过这种方法，阿基米德得到了精确到小数点后两位的 π 值，并在公元前 3 世纪出版的《圆的度量》一书中把它公布了出来。

与此类似的是，中国魏晋时期数学家刘徽在其注释《九章算术》时用圆内接正多边形求得 π 的近似值，而且这个近似值也是精确到小数点后两位——3.14。因为他用的是内接圆的方法，因此这种方法被人称为割圆术。只是他最后画出来的多边形其边数远远多于阿基米德，达到了 192 条边。直到 1200 年后，西方人才找到了类似的方法。后人为纪念刘徽的贡献，将 3.14 称为徽率。而两百多年以后，中国古代著名的数学家祖冲之利用割圆术，得出的 π 值为：3.1415926 <圆周率 < 3.1415927，这个精确到小数点后 7 位的圆周率，在当时是非常了不起的成就。这个世界级的精确度，由祖冲之创造，并由他保持了 1 000 年！

直到 15 世纪，祖冲之的记录才被阿拉伯数学家阿尔·卡西打破。

阿尔·卡西将 π 值精确到了小数点后 16 位。而短短几十年后，德国数学家柯伦又将这一数字精确到小数点后 20 位。再往后，数值被不断精确了下来，比如 16 世纪，荷兰数学家卢道夫将其精确到了小数点后 35 位，为了纪念他的这项成就，人们在他去世后的墓碑上刻上这 35 位数，从此也把它称为"卢道夫数"。

卢道夫

18 世纪初期，这一数据又被迅速精确了下来，1706 年，英国数学家梅钦计算 π 值突破 100 位小数大关。1873 年，另一位英国数学家尚可斯将 π 值计算到小数点后 707 位，但非常遗憾的是从 528 位开始就算错了。1948 年，英国的弗格森和美国的伦奇共同发表了 π 的 808 位小数值，成为人工计算圆周率值的最高纪录。

当然，从现实意义上来说，圆周率的无限精确对于人们的日常生活并没有太大帮助，因为 3.14 已经足够人们的日常计算了。但是从数学方法的研发上来说，通过对 π 的不断精确，实现了人类的数学运算能力的飞跃式发展，比如无穷乘积式、无穷连分数、无穷级数等各种 π 值表达式纷纷出现，让人类借助这个神奇的数字，攀登上了一座座科学的高峰。

数学万花筒

《隋书·律历志》留下一小段关于圆周率的记载：祖冲之算出 π 的值在 3.1415926 和 3.1415927 之间，相当于精确到小数点后 7 位，而且根据推算，这个数值应该更靠近前者，于是祖冲之就把 π 简化成了 3.1415926。

祖冲之

不仅如此，祖冲之还给出 π 的两个分数形式：$\frac{22}{7}$（约率）和 $\frac{335}{113}$（密率），其中密率精确到小数点后 7 位。在西方，这直到 16 世纪才由荷兰数学家奥托重新发现。祖冲之的这一密率值是世界上最早提出的，比欧洲早 1000 多年，所以有人主张叫它"祖率"，也就是圆周率的祖先。祖冲之还和儿子祖暅一起圆满地利用"牟合方盖"解决了球体积的计算问题，得到正确的球体积公式。

相关阅读

圆周率即圆的周长与其直径的比值。关于它的计算问题，历来是中外数学家极感兴趣、孜孜以求的问题。德国著名数学家康托尔曾经说过："历史上一个国家所算得的圆周率的准确程度，可以作为衡量这个国家当时数学发展的一个指标。"

我国古代在圆周率的计算方面长期领先于世界水平，这应当归功于魏晋时期数学家刘徽所创立的新方法——割圆术。中国古代有一句话："圆，一中同长也。"意思就是说，一个中心，然后周围每点到这个中心的距离都相等，在这样一个原则下形成的平面图形就是圆。早在中国先秦时期，《墨经》上就已经给出了圆的这个定义。而古代的记载中还有公元前 11 世纪我国西周时期数学家商高与周公讨论过圆与方。认识了圆，人们也就开始了有关圆的种种计算，特别是经常需要计算圆的面积。

中国古代数学经典著作《九章算术》在第一章"方田"章中写到"半周半径相乘得积步"，也就是我们现在所熟悉的圆面积公式。为了证明这个公式，数学家刘徽于公元263年撰写了《九章算术注》，在公式后面写了一篇1800余字的注记，这篇注记就记载了数学史上著名的"割圆术"。

刘徽

第三节
数轴和直角坐标系的产生

现在说起负数和无理数，大家都知道是什么，但是在几百年前，当人们意识到世界上可能存在负数和无理数的时候，要理解其概念是非常困难的。当时人们对这两个概念的认知还只能停留在猜测上，根本没办法给出有效的数据。

直到意大利数学家庞贝和荷兰数学家斯蒂芬研究出了图形表示数量的方法，这一难题才被攻克。他们用数轴来和数字一一对应，并且制定了长度的四则运算，同时延伸出了实数的四则运算。于是就有了数轴和直角坐标系。

所谓数轴，就是一个有方向和单位长的直线，整数被表示为数轴上一组等距离的点，正整数在0的右边，负整数在0的左边。如果把一个单位长度分为n等份，那么每一个小单位表示了$\frac{1}{n}$的大小，分数$\frac{m}{n}$

则表示由 0 开始向右和向左数出 m 个小单位所对应的两个点。

当然，数轴的价值不仅在于表示有理数的距离，它还能表示无理数。比如说要表示 $\sqrt{2}$ 的位置，就可以先在数轴上标记一个长为 1 的正方形，而这个正方形对角线的长度在数轴上的位置就是 $\sqrt{2}$。

而对于一个任意给定的数 a，我们就可以用 $|a|$ 表示对应的点到原点的距离，这被称之为 a 的绝对值。但 a 可能是正数，也可能是负数。而我们知道，距离是不能小于 0 的，因此当 a 为正数时，$|a| = a$，当 a 为负数时，$|a| = -a$。举个例子，$|5| = 5$，$|-5| = 5$。

除此之外，数轴还可以做多点之间的运算。比如说有数 a 和数 b，假设 $a < b$，那么当我们在数轴上找到其对应的点时，它们一定是一个从 a 到 b 的线段。这个线段我们称之为区间，用 $[a, b]$ 表示。现在又假设有一个数字 x，它在这个区间范围之内，表示为 $x \in [a, b]$，则在数字大小的对应关系上，一定会有 $a \leqslant x \leqslant b$。这样就能通过数轴的直观表现，把数字之间的大小和关系非常清晰地表现出来。这就是我们现在常说的数形结合。

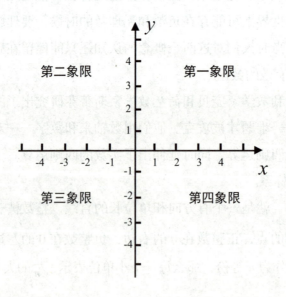

解析几何的基础就是数形结合，这主要是由法国数学家笛卡儿和费马共同完成的理论。解析几何的核心是直角坐标系（也称笛卡儿坐标系），这是由两个垂直的数轴构成的，一个方向向右，一个方向向上，分别称为 x 轴（横坐标）和 y 轴（纵坐标），两个 0 点重合，称之为原点。那么一个数（x_1，y_1）对应于直角坐标系上的一个点 A（x_1，y_1），即横坐标为 x_1，纵坐标为 y_1 的点。现在的平面被直角坐标系的两个轴分割成四个部分，我们称之为四个象限（如上图），两个坐标均为正值的象限被称为第一象限，然后按逆时针方向分别命名为第二、三、四象限。有了这些基础性的工作，就可以用代数的方法来研究几何问题了。

如今，解析几何作为中学数学里面的重要内容已经为人们所熟知。它能锻炼人们的直观判断能力和预测能力，同时也能把抽象的数字用形象的图形表现出来，更容易被人接纳和利用，是现代数学中建立数学直观的有力工具。

数学万花筒

数学里常用的概念"维度"不仅仅存在于抽象事物，也可以运用到生活的各个方面。比如一张桌子，它的"坐标"远多于 3 个。我们可以用（a,b,c,d,e,f,g,h）来表示长、宽、高、颜色、材料、造型风格、产地、抽屉的个数等。当然，桌子还有更多的维度可以增加进来，增加的维度越多，人们对于这个桌子的概念就会越清晰。现在，我们可以将一张桌子限制在这个 8 维的空间中，用桌子的维度来取代几何中的点，就可以得知这张桌子的坐标是：2.5 米、1.6 米、0.8 米、深褐色、胡桃木、欧式、英国、6 个。这样，这张桌子的形象就十分完整地呈现在我们脑子里。

相关阅读

数与形是数学中的两个最古老，也是最基本的研究对象，它们在一定条件下可以相互转化。中学数学研究的对象可分为数和形两大部分，数与形是有联系的，这个联系称之为数形结合，或形数结合。我国著名的数学家华罗庚曾说过："数形结合百般好，隔裂分家万事休。"意思很明显，就是数字和图形应该有机地结合起来，如果我们只研究抽象的数字，那就很难

华罗庚

理解。但是如果只研究图形，又失去了研究图形的本来意义。只有将数字和图形结合起来，才能帮助我们更直观地理解数字，同时发挥图形的最大价值。

而在具体研究和运用当中，数形结合一般又分两种形式。第一种是"以数解形"，第二种是"以形助数"。所谓"以数解形"，就是当你有一些残缺的图形，同时又有数据的时候，可以把图形补充完整。比如说在绘制地图的时候，其实就是典型的"以数解形"。而"以形助数"就反之，你有了具体的图形以后，就可以借助图形去了解其中的数字规律。比如当你手上有一个精准的地图，要测算从 A 到 B 之间距离的时候，其实就是"以形助数"的最普遍运用。

第四节
探索勾股定理

说到勾股定理，大家一定都不会陌生。

早在公元前 2000 多年的巴比伦的泥版书中，就雕刻了这样一个有趣的问题：假设将一个长度为 30 的棍子直直地靠墙，当上端向下滑动 6 的时候，下端离开墙面有多远？这就是人类迄今为止发现的最早关于直角三角形边长之间的关系研究。

毕达哥拉斯

而这个问题的答案，就是我们所熟知的一个数学规律：直角三角形两条直角边的平方和等于斜边的平方。几千年后，古希腊数学家毕达哥拉斯对这一问题做出了证明，于是现在关于这一原理，世界通用的称呼就是毕达哥拉斯定理。

毕达哥拉斯发现这一定理的时候，还发生了这样一件有趣的事：

有一天，毕达哥拉斯应邀去参加一个有钱人的宴会，宴会主人豪华宫殿般的餐厅铺着美丽的正方形大理石地砖，由于大餐迟迟不上桌，使得饥肠辘辘的贵宾颇有怨言，但是善于观察和理解的毕达哥拉斯却在凝视脚下这些排列规则、美丽的方形地砖并陷入了沉思。

突然，毕达哥拉斯灵感乍现，他急忙拿出笔蹲在地上，随便选了相连的四块地砖，以它们的对角线为边，画了一个正方形。果然，这个正方形的面积正好是一块地砖的两倍！这个发现让他很兴奋，于是他马上再换一种方式，以两块地砖形成的矩形对角线做边又画了一个正方形，而这个正方形的面积显然是一块地砖的 5 倍！

根据这个规律，毕达哥拉斯推断出了一个震惊数学界的定理——任何直角三角形，其斜边的平方恰好等于另两直角边平方之和。

虽然西方称之为毕达哥拉斯定理，但是在中国，我们还是习惯将其称为商高定理或勾股定理。这是为什么呢？

因为虽然我们现在学习的数学定律、规则大多源自于西方，但事实上在古代中国，我们有着独立的数学发展历史。就比如说毕达哥拉斯定理，其实在此之前，中国有位叫商高的数学家已经发现了这一定理，所以我们习惯称这一定理为商高定理，也叫勾股定理。

公元前1100多年，在我国周朝初年，有一天，周公把数学家商高叫来，两人做了一次切磋数学问题的对话。商高在回答周公所请教的问题中，明确提出了"勾三，股四，弦五"这一关系，就是说把直角三角形的两条直角边称为勾、股，斜边称为弦，那么勾为三，股为四，弦长就等于五。这是毕达哥拉斯定理的特例。

周公与商高的对话，记载于约公元前1世纪的《周髀算经》一书之中。从年代来看，商高发现勾股定理虽然晚于汉谟拉比时代的巴比伦人900年，但比毕达哥拉斯早了600年。

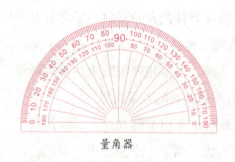

量角器

公元3世纪前后，我国数学家赵爽和刘徽分别在《周髀算经》和《九章算术》的注释中证明了勾股定理。赵爽利用"弦图"，将几何图形互相移补凑合，分段加以朱、青、黄诸色，以"出入相补、各从其类"，由此得出各图形间的关系，从而给出了我国古代关于商高定理最早的证明。这虽然是在毕达哥拉斯和欧几里得《几何原本》的证明之后，但它是运用中国古代证题术而独立于西方所做出的证明，代表着中国数学的光辉成就。

数学万花筒

直角三角形在生活中运用到的地方非常多。比如建房子，我们就会发现，尤其老式的房屋，里面的直角三角形非常多。但是在古代，没有精准工具的时候，人们是怎么去制作标准的直角三角形的呢？

古时候的人们，通过数十次、上百次的实验，终于找到了画出直角三角形的方法：只要使三角形三条边的长度比为 3 : 4 : 5，就能够得到直角三角形。不管什么时候，只要使用这个长度比例的 3 根木棍，就能够轻松得到直角三角形。

在直角三角形中，构成直角的两条边，短边叫作勾，长边叫作股，与直角相对的对边叫作弦。勾、股、弦的长度比例，就是 3 : 4 : 5。

相关阅读

商高，西周初数学家。在公元前 1000 年发现勾股定理的一个特例：勾三，股四，弦五。

据《周髀算经》记载，商高的数学成就还不仅于此：除了勾股定理，他还研究了测量术和分数运算。书中记载了这样一件事：一次周公问商高："古时做大文

《周髀算经》

测量和订立历法需要对天地进行测量。可是天不能攀爬，地也广袤到无法用尺子去量，人们又是怎样去测算天地呢？"商高回答说："数是根据圆和方的道理得来的，圆从方来，方又从矩来。矩是根据乘、

除计算出来的。"这里的"矩"原是指包含直角的作图工具。这说明了"勾股测量术",即可用 3 : 4 : 5 的办法来构成直角三角形,而这个直角三角形可以无限放大,以此来测量天地。

而《周髀算经》里"勾股各自乘,并而开方除之"这句话也说明当时已普遍使用了勾股定理。

除此之外,《周髀算经》还记载了矩的用途:"周公曰:大哉言数!请问用矩之道。商高曰:平矩以正绳,偃矩以望高,覆矩以测深,卧矩以知远,环矩以为圆,合矩以为方。"这句话简单来说,就是当时商高已知道了借助用相似关系去测量更大或者更小物体的方法。所谓"环矩以为圆",就是我们现在熟知的:直径上的圆周角是直角的几何定理,这比西方的发现又要早好几百年。

第五节
三角函数符号的演变

sin、cos、tan、cot……对于这些符号,学过三角函数的人,一定都不会感到陌生,它们正是三角函数中正弦、余弦、正切和余切的符号,但是你们知道它们的由来吗?

首先我们来说说 sin——正弦,这是最古老的一种三角函数。公元五六世纪的时候,古希腊数学传入了印度,被当时的印度数学家阿耶波多做了许多重要改革,其中就包括正弦。因为之前希腊人制作了"弦表",所以为了加以区别,阿耶波多制作了"半弦",其中,正弦的名称被改成了"*jya*"，意思是猎人的弓弦。但是后来在传到世界各地的时候，由于都是手抄本，一旦有人抄错就会引发连锁反应，这个单词就逐渐演化得面目全非。

12世纪中叶，意大利翻译家杰拉德把正弦翻译成了"*sinus*"。这个单词是拉丁文，是弯曲、洞穴的意思。杰拉德的翻译其实已经奠定了"*sin*"的基础，但在当时*sinus*这个词也没能广泛流传开。

到了17世纪20年代，英国人刚特在*sinus*的基础上，第一次把这个单词缩写成"*sin*"，后来又经历了一百多年，"*sin*"才作为正弦的代表符号被全世界数学家所接受。

经历了如此多的波折，"*sin*"才得到世人的肯定，但如果与"*cos*"相比，"*sin*"所经历的一切就不足为奇了。根据现有的记载，只是关于余弦的名称和符号，就前后出现十多个，非常杂乱：公元11世纪，意大利数学家普拉托将其称为"剩余的弦"；15世纪德国的缪勒称之为"余角的正弦"；17世纪，刚特把余弦记为"*co. sinus*"；20多年以后，牛顿在其著作《不

僧一行

列颠三角术》中将这个单词进行缩减，改成了"*cosinus*"。这时候，才有了"*cos*"的雏形。但是因为这个单词比较复杂，所以并没有流传开。1764年，英国的穆尔把这个单词简化成了"*cosO*"。又经过了一段时间的发展，"*cos*"才成为人们通用的代表余弦的符号。

我们都知道正切、余切这两个三角函数是由日影的测量而引起的，世界上第一部正切函数表的作者是我国唐代杰出的和尚数学家僧一行，他为了求得全国各地一年中各节气的日影长度，编制出了正弦函数表，

不过当时尚未产生正切函数的概念。

100多年后，阿拉伯数学家海拜什·哈西卜在850年首先提出正切概念。920年左右，阿拉伯的天文学家和数学家阿尔·巴坦尼，为了测量太阳的仰角，分别在地上和墙上各置一直立与水平的杆子，求阴影长 b，以测定太阳的仰角。阴影长 b 的拉丁文译文名叫"直阴影"，水平插在墙上的杆的影长叫作"反阴影"，"直阴影"后来变成余切，"反阴影"叫作正切。

正切余切的名称出现以后，被世界各国翻译为不同的文字单词。这就不便于其在全世界范围内的流通，于是人们开始思考，能不能用一个特定的符号来表示正切和余切，让全人类都能一看就明白？

16世纪，丹麦数学家芬克解决了这一问题，他在著作《圆的几何》中创造了"tangent"一词来代替反阴影，也就是我们后来所谓的正切。1620年，英国的刚特又创造了"cotangent"一词来代替"直阴影"。而这两个单词逐渐被后人接受。而1658年，英国的牛顿和穆尔又分别创设了符号"ctg"和"cot"来分别代表正切和余切。直到现在，全球也没有完全统一正切、余切的符号，只是英美国家习惯于用 tan 和 cot，而我国经历了几次变化之后，最终也选择了英美符号。

📚 数学万花筒

公元前6世纪，古希腊数学家泰勒斯利用日影测量埃及金字塔的高度，其实就是正切函数的一次最典型运用。

有一天，泰勒斯来到金字塔面前观赏这座宏伟的建筑，在场的还有一些贵族子弟，他们知道泰勒斯精通数学，于是想刁难一下他，就要他测算出金字塔的高度。当时，很多人都希望知道埃及大金字塔的准确高度。因为它建成一千多年了，还没有人能精确地测量出它的高度。

泰勒斯想了想，没有当面回答，而是说五天之后来解答，并且他提了一个要求，就是到时候法老必须在场。这件事情轰动了全国，五天以后，大金字塔面前人山人海，大家都希望看看泰勒斯怎样当着法老的面破解这道千年难题。

时间到了，泰勒斯准时出现在了大家面前。当时的太阳很大，阳光把他的影子投射到了地面上，他就让人不断测量影子的长度。时间从下午到了傍晚，就在大家都等得有些不耐烦的时候，泰勒斯在一次对影子的测量完毕后，突然冲远处挥了挥手。远处的人马上跑到金字塔影子的顶端，在地面上做了一个标记。做完以后，泰勒斯便让人去测量金字塔底到那个标记之间的距离。

原理大家一定都清楚了，没错，从"影长等于身长"推到"塔影等于塔高"，就是相似三角形定理。因为做标记的时候，泰勒斯的影子正好和自己的身高等长，那么同理，金字塔的影子也应该和自己的高度等长。通过这种方式，泰勒斯就测量出了金字塔的准确高度。

💡 相关阅读

在三角函数中，除了正弦、余弦、正切和余切外，还有正割和余割两种。在直角三角形当中，我们把锐角的斜边与临边做比，这个比值就是正割，符号是"*sec*"。而余割就是锐角的斜边与对边的比值，用"*csc*"表示。

正割、余割是由阿拉伯数学家海拜什·哈西卜于公元9世纪提出的。几十年以后，被伊朗数学家阿布瓦法开始使用。但是当时他们并没有对这两个函数提出准确的概念。而到了 16 世纪中叶，长期从事三角函数研究的德国数学家利提克斯做了一件很了不起的事情，那就是用直角三角形斜边与对边的比来研究三角函数。而在此之前，人们都习惯用弧和弦来研究三角函数。这一方法的改进，奠定了现代三角函数研究的基石。

利提克斯

第六节
三角函数表的由来

　　三角函数最早是用来观测天文的。当时古希腊天文学家希帕恰斯制作了一个观测的数据工具"弦表"。所谓"弦表"就是在固定的圆内，不同圆心角所对弦长的表。这个表奠定了现代三角学的基础，遗憾的是因为历史的变迁，"弦表"仅仅出现在一些相关的史料记载当中，其本身并没有流传下来。

　　希帕恰斯之后，古希腊天文学大师托勒密在继承了前人的研究成果之后，编著了一本关于天文学的著作《天文集》。在这本书里，他详细介绍了希帕恰斯的一个重大贡献，那就是使用了古巴比伦的 60 进位制：把圆周分为 360 等份，从而圆弧所对的圆心角就有了度量；把半径分成 60 等份，这样就可用半径的多少等份来表示圆心角所对的弦长，即用半径的 $\frac{1}{60}$ 作为度量弦长的单位。例如 60° 角所对的弦长就是圆内接正 6 边形的一边之长，应该是 60 个单位，相当于现在 30° 角的正弦是 $\frac{1}{2}$；90° 角所对的弦长是圆内接正方形的一边之长，应该是 $60\sqrt{2}$ 个单位。希帕恰斯的划分方法为圆的计算起到了十分积极的推动作用。而为了进一步提高计算的精度，托勒密又对这一方法做了改进：他在希帕恰斯把圆半径分为 60 等份的基础上，又把每一等份细化成了 60 小份，每一小份又进一步细化为更小的 60 份，然后把这些小份依次叫作"第一小份""第二小份"……后来，"第一小份"变成了"分"（minute），"第二小份"变成了"秒"（second），这就是"分""秒"名称的来源。现在英文里 minute 这个字仍然有"分"和"微小"两种意义，second 这个字有"秒"和"第二"两种意义。

托勒密还利用圆内接正 5 边形和正 10 形的边长推导出对 36° 弧和 72° 弧的弦长；从 72° 弧的弦和 60° 弧的弦，利用差角公式算出对 12° 弧的弦长；从 12° 弧的弦平分数次得出对 $(\frac{3}{4})°$ 弧的弦。因此，他能给任一已知弦所对的弧加上（或减去）$(\frac{3}{4})°$ 弧，计算出两段弧之和（或差）所对的弦值。这样他就能算出两个相差 $(\frac{3}{4})°$ 的所有弧所对的弦值，后来，他利用不等式来推理，得出了从 0° 到 90° 每隔半度的弦表。这就是第一个三角函数表。

希帕恰斯

我们现在经常会看到关于度分秒的符号——"°""′""″"。这些符号在 16 世纪 70 年代由曲卡拉木发明的。

到了公元 5 世纪，印度数学家阿利耶毗陀也制作了一个正弦表。在这个正弦表里，他继承了希腊人和巴比伦人的方法，把圆周分为了 360 度，每度为 60 份，整个圆周分为 21600 份。而我们都知道，

$2\pi r$ ＝圆周长，而因为当时中国人已经计算出了 π ＝ 3.1416，根据这个公式，可得半径 r=3437.746 单位，约等于 3438 单位。根据这个数值，他得出这样一个结论：$sin30°$ ＝ 1719 单位，$sin45°$ ＝ 2431 个单位等。这样就计算出了一些特殊角度的正弦值，为其他的计算提供了方便。

14 世纪时，欧洲早期的三角学者、英国人布拉瓦丁开始将正切和余切引入三角计算中。

16 世纪时，哥白尼的学生提克斯见到当时天文观测日益精密，迫切需要推算详细的三角函数表，于是他耗费了毕生心血来推算正弦、正切及正割表。但遗憾的是，这个工作直到他去世时也未能完成。最后，由他的弟子在 16 世纪末期完成。

在中国，17 世纪 20 年代，天主教耶稣会德国传教士邓玉函和汤若望等人在编著《大测》这本书时，将"$sinus$"翻译成了"正半弦"和"前半弦"，再往后就演化成了我们常说的"正弦"。

数学万花筒

把圆周分为 360 份的做法起源于古巴比伦，关于这样的分法，史学界和数学界一直有两种不同的解释。

第一种解释

为了和天文历法进行对应。当时的人们认为一年总共有 360 天，每过一天这个圆就走了一份。

但是这种解释遭到了大多数人的怀疑，因为从历史记载来看，古巴比伦的天文历法已经很完善，没有理由不知道一年应该是 365 天。既然如此，就应该把圆分为 365 份才对。所以第一种解释是靠不住的，于是就出现了第二种解释。

第二种解释

当时有一种比较大的单位就是巴比伦里，一巴比伦里大概是 7 英里，约等于 11 公里。因为这个距离太长，就逐渐演化成了时间单位。"时间里"也就是走完一巴比伦里所用的时间。公元前 1000 年的时候，当巴比伦天文学达到了保存天象系统记录的阶段时，巴比伦"时间里"就是用来测量时间长短的。

由于发现一整天等于 12 个"时间里"，并且一整天等于地球绕太阳转一周，所以，一个完整的圆周以"时间里"为单位可被分成 12 等份。但是为了方便起见，巴比伦"时间里"又被分成 30 等份。于是，便把一个完全的圆周分为 12×30=360 等份。相比之下，这个解释可能更容易被人接受。

相关阅读

克劳狄乌斯·托勒密是古希腊天文学家、地理学家和光学家。

托勒密一生写下了一系列科学著作，其中三部对伊斯兰世界和欧洲的科学发展有着颇大的影响。第一部是《天文学大成》，第二部是《地理学指南》，第三部是有关占星学的《占星四书》。其中，《地理学指南》是一部全面探讨希腊、罗马地区地理知识的典籍；而《占星四书》则尝试改进占星术中绘制星图的方法，以便融入当时亚里士多德的自然哲学。

克劳狄乌斯·托勒密

第七节
投影与视图

　　射影几何是几何的一门特殊分支，其理论依据是图形在经过射影变换后，依然保持不变的图形性质。在经典几何学中，射影几何处于一种特殊的地位，通过它可以把一些几何学有机地联系起来。

　　射影几何最早出现在17世纪，它的诞生和绘画有着非常深厚的渊源。如果追溯上去，射影的概念甚至可以上溯到古希腊时期，而且在欧洲文艺复兴时期也曾有人涉足研究。这都为射影几何成为一门真正独立的学科奠定了充分的理论和实践基础。

　　到了17世纪，射影几何开始迅速发展。最早是德国天文学家、数学家开普勒引进了无穷远点的概念，之后，法国数学家笛沙格和帕斯卡则促进了射影几何学的基本成型。

　　笛沙格是我们现在常说的"草根学者"，他的数学成就完全源自于自学。笛沙格原本是一名军人，后来转行做了工程师和建筑师。这样的经历让他深深感受到了实践对于理论的重要性，他反对纸上谈兵，于是在一次偶然的机会下开始了对圆锥曲线定理的新的证明方法的研究，并且将研究结果写在了《试论圆锥曲线和平面的相交所得结果的初稿》一书中。

　　在《试论圆锥曲线和平面的相交所得结果的初稿》中，笛沙格还引入了许多几何学的新概念。他把直线看成是拥有无限大半径的一个圆，既然是圆，就一定有割线，而他觉得，曲线的切线就是割线的极限。这些概念可以说是现代射影几何理论的基础。而用他的名字命名的笛沙格定理"如果两个三角形对应顶点连线共点，那么对应边的交点共线，

彭赛列

反之也成立"也是射影几何的基本定理。为此，笛卡儿、帕斯卡、费尔马等人非常推崇，甚至将其称为圆锥曲线理论真正的研究者和奠基人。

而说起另一位射影几何的奠基人帕斯卡，大家一定会联想到压力和压强。没错，压力和压强的单位帕就是以帕斯卡的名字命名的。

帕斯卡除了是一位优秀的法国物理学家，还是特别出色的数学家。他于1641年发现了一个有趣的现象：内接于二次曲线的六边形的三双对边的交点共线。这个现象后来被称为帕斯卡六边形定理。

不过笛沙格和帕斯卡的这些定理，只涉及关联性质而不涉及度量性质（长度、角度、面积）。但他们在证明中却用到了长度概念，而不是用严格的射影方法，他们也没有意识到，自己的研究方向会导致产生一个新的几何体系——射影几何。他们所用的是综合法，随着解析几何和微积分的创立，综合法让位于解析法，射影几何的探讨也中断了。

直到19世纪，画法几何的创始人法国数学家蒙日的学生彭赛列在老师的学术基础上进一步研究几何的时候，意识到了射影几何的重要性，于是开始对其进行系统的研究。

1822年，彭赛列发表了射影几何的第一部系统著作《论图形的射影性质》，最终将其作为几何学的一门分支独立了出来。因此彭赛列被世人称为射影几何真正的奠基人。

数学万花筒

学过绘画的人都知道一个概念——透视法。所谓透视法，其实就是研究投影和截影在绘画中表现形式的一门方法。这种方法起源于欧洲的文艺复兴时期。因为当时西方的绘画技术多讲究的是逼真，所以绘画师们提出了一个问题：如何能够将三维世界的物体逼真地呈现在二维的画布上？

阿尔贝蒂

带着这个问题，意大利数学家阿尔贝蒂进行了一系列的深入研究，他研究所用的方法就是"透视法"，在其著作《论绘画》中，他对这个方法进行了系统的介绍。

其实，"透视"的原理非常简单，就是假设在观测点与景物之间加上一张直立的透明的平板，那么当光线反射回来的时候，就会在这个平板上显示出物体的形状，这个形状或者说印记就是截影。只要画家能够趋于逼真地表达出截影的状态，那么就能够在画布上趋于真实地显示出三维物体的状态。

也许阿尔贝蒂的研究初衷只是为了帮助画家们更精准地表现出三维的世界，却没想到在这个研究过程中提出的诸如投影线、截影的概念，对数学发展也起到了积极的推动作用。

相关阅读

我们可以想象，在一个黑暗的房间里，用手电筒去照射一个物体，那么在对面的墙壁上就会得到这个物体的影子。我们将这个影子叫作物体的投影，照射的光线叫作投影线，投影所在的平面叫作投影面。

如果投影线是平行的，比如太阳光或者其他大面积的光线，产生的投影就叫作平行投影。如果是点光源发出的投影线，由此产生的投影就叫作中心投影。投影线垂直于投影面产生的投影叫作正投影。投影线不垂直于投影面产生的投影叫作斜投影。物体投影的形状、大小与它相对的投影面的位置和角度有关。

第八节
球体积公式的由来

我们知道，规则图形的面积是很容易计算的，比如正方形、长方形等。同样，其相应的立方体体积也比较容易计算。但是在众多规则立方体的体积计算中，有一种图形的体积却十分难计算，这就是球体。

当然，现在要计算一个球体的体积，对我们来说是非常容易，只要将数据往公式里一套，很快就能得出答案。可是对于数学不够发达的古人来说，这个问题就显得没那么容易了。而关于球体计算的历程，在古代中国，可以说经历了三个发展阶段：

第一个阶段是实测阶段。这个很好理解，比如要求出一个球状物体的体积，最简单的方法就是往球内灌水，然后去测量水的体积，而所测量出来的水的体积基本上就等于球本身的体积了。但是有一些实体的球呢？聪明的古人想出了更精确的算法——他们先用黄金制作出一个1立方寸的方块和一个直径1寸的球丸，根据称重得出的结果是一个 16 两，一个 9 两，也就是说，二者的重量比是 16 ∶ 9。根据这样的方法，人们得出了球体的计算公式：$V = \dfrac{9}{16}D^3$，其中 V 是球体积，D 是球的直径。

第二个阶段是改进阶段。公元 3 世纪时，刘徽在注《九章算术》时，觉得之前的体积计算模式不够精准，于是提出了一个求"牟合方盖"的新方法——由正方形与其内切圆面积之比为 4 ∶ π，推算出正四棱台与其内切圆台的体积之比为 4 ∶ π。后来又进一步推算时，转化为他命名的求"牟合方盖"的新方法（古时候称伞为"盖"，"牟"即相等。所谓"牟合方盖"就是两个半径相等的直交圆柱面所围成的立体，形状像合在一起的上、下两个完全相同的方伞）。他发现"牟合方盖"与其内切球体积之比为 4 ∶ π，但刘徽并没有求出"牟合方盖"的体积，他说："我们来观察立方体之内，合盖之外这块立体体积吧。它从上而下逐渐瘦削，在数量上是不够清楚的。由于它方圆混杂，各处截面宽窄极不规则，事实上没有规范的模型可与之比较。若不尊重图形特点而妄做判断，恐怕有违正理。岂敢不留阙疑，待能言者来讲解吧。"由此，刘徽这种不迷信前贤，实事求是的治学精神可见一斑。

第三阶段是严密推导阶段。公元 6 世纪时，著名数学家祖冲之及其儿子祖暅成为刘徽所企盼的"能言者"。祖冲之父子分三步推证出了正确的球体积公式 $V = \dfrac{\pi}{6}D^3$，其中 D 为球的直径。

至此，我们可以说，在球体积计算方面，刘徽的方法确实妙不可言，而祖暅的推导也是完美无缺。直到 17 世纪时，意大利数学家卡瓦利里利用了与"祖暅原理"相同的所谓"不可分量原理"，得出了 $V_{球} = 2(V_{圆柱} - V_{圆锥})$ 的结论。

📚数学万花筒

祖暅是我国南北朝时期南朝的数学家，是科学家祖冲之的儿子，生卒年代不详。因受家庭，尤其是受父亲的影响，祖暅从小就热爱科学，对数学具有特别浓厚的兴趣。祖冲之所著的《缀术》经学者们考证，有些条目也是祖暅所作。

祖暅

祖暅终生读书，专心致志，当他读书思考时，十分专一，即使有雷霆之声他也听不到，也曾因此闹出了不少笑话。有一次，他边走路边思考数学问题，走着走着，竟然撞到了对面过来的仆射徐勉。仆射在当时是很高的官，徐勉也是当时朝廷的红人，被这位年轻小伙子撞了一下，不禁大叫起来，这时祖暅方才醒悟。

祖冲之去世后，祖暅曾先后三次上书，建议采用他父亲编制的《大明历》，最后终于使父亲的遗愿得以实现。祖暅的主要工作是修补和编辑他父亲的数学著作《缀书》，书中的一些条目经过后世学者们的考证证实是祖暅所作。"祖暅原理"是关于球体体积的计算方法，是祖暅一生最有代表性的成就，他运用"祖暅原理"和由他创造的开立圆术，发展了他父亲的研究成果。

💡相关阅读

仅有的五种正多面体

事实上，我们就生活在一个多面体的世界中，如果你是个善于观察的人，就一定会发现，我们的周围存在着很多多面体，比如说我们的书本、电视、冰箱等。如果让你给多面体下一个定义，你应该怎么下呢？其实这很简单。首先，它必须是一个立体，而且是由多边形所围成的立体。当然，多边体的面的数量至少应该是四个。

虽然多面体的家族很庞大，可是正多面体的成员却很少，世界上仅有5种正多面体，它们就是正4面体、正6面体、正8面体、正12面体和正20面体。

所谓正多面体，当然要首先保证它是一个多面体。而它的特殊之处就在于它的每一个面都是正多边形，而且各个面的正多边形都是全等的，也就是说，将正多面体的各个面剪下来，它们可以完全重合。

这几个正多面体分别是由什么组成的呢？

正4面体是由4个全等的等边三角形组成的，正6面体是由6个全等的正方形组成的，正8面体是由8个全等的等边三角形组成的，正12面体是由12个全等的正5边形组成的，正20面体是由20个全等的等边三角形组成的。

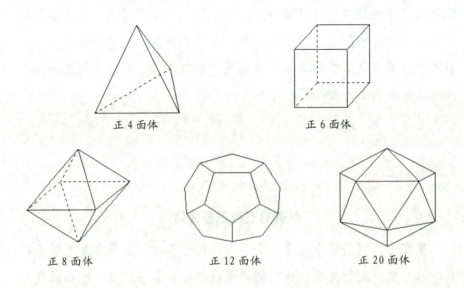

正4面体　　　　　　　　正6面体

正8面体　　　　正12面体　　　　正20面体

第三章
概率与统计

主题引言

　　统计学起源于收集数据的活动，小至个人的事情，大至治理一个国家，都有必要收集种种有关的数据。如在我国古代典籍中，就有不少关于户口、钱粮、兵役、地震、水灾和旱灾等的记载。

　　概率，又称或然率、机会率、机率（几率）或可能性，是数学概率论的基本概念，是一个在 0 到 1 之间的实数，是对随机事件发生的可能性的度量。19 世纪法国著名数学家拉普拉斯说过："对于生活中的大部分，最重要的问题实际上只是概率问题。"

　　数学科学本身，归纳法、类推法和发现真理的首要手段都是建立在概率论的基础之上。因此，整个人类知识系统是与这一理论相联系的……

第一节
概率的产生

概率论在当代世界中，有非常重要的作用，不管是在军事、经济领域，还是社会、农业领域，这门不怎么为人所知的学问都在扮演着极为重要的角色。

但说起这门学问的由来，还真的是一件很有趣的事情。因为它的产生和赌博有着非常密切的联系。

17 世纪的时候，欧洲许多国家的贵族之间盛行赌博之风，掷骰子是他们常用的一种赌博方式。但是，赌徒们最关心的就是如何在赌博中保证不输。

意大利医生兼数学家卡尔达诺也参与了大量的赌博游戏，他在赌博时研究不输的方法实际上是概率论的萌芽。卡尔达诺解决了如下问题：把两枚骰子掷出去，以每枚骰子朝上的点数之和作为赌的内容，赌注下在多少点上最有利？

一枚骰子点数	6	7	8	9	10	11	12
	5	6	7	8	9	10	11
	4	5	6	7	8	9	10
	3	4	5	6	7	8	9
	2	3	4	5	6	7	8
	1	2	3	4	5	6	7
两枚骰子点数之和	1	2	3	4	5	6
	另一枚骰子点数					

两枚骰子朝上的面共有 36 种可能，点数之和分别为 2～12 共 11 种，从表中可知，7 是最容易出现的和数，它出现的概率是 $\frac{6}{36}$，因此，卡尔达诺预言说押 7 最好。从表中我们还不难看出，点数 9 出现的概率是

$\frac{4}{36}$，要比点数 10 出现的概率 $\frac{3}{36}$ 大一些，所以押在点数 9 上赢的机会大于押在点数 10 上。现在看来这个想法是很简单的，可是在卡尔达诺所在的时代，这就是很先进的思想方法了。

当时，法国有一位热衷于掷骰子游戏的贵族德·美尔，在长时间的掷骰子游戏中，他发现了这样的事实：将一枚骰子连掷 4 次至少出现一次 6 点的机会比较多，而同时将两枚骰子掷 24 次，至少出现一次双 6 点的机会却很少。这是为什么呢？后人称此为著名的"德·美尔问题"。诸如此类的需要计算可能性大小的赌博问题提出了不少，但赌徒们自己无法给出答案。

1651 年夏天，当时盛誉欧洲，号称"神童"的数学家帕斯卡在旅途中偶然遇到了赌徒德·美尔，他对帕斯卡大谈赌经，以消磨旅途时光。德·美尔还向帕斯卡请教了一个亲身所遇的"分赌金"的问题。问题是这样的：一次，德·美尔和赌友掷骰子，各押赌注 32 个金币，德·美尔若先掷出三次 6 点，或赌友先掷出三次 4 点，就算赢了对方。赌博进行了一段时间，德·美尔已掷出了两次 6 点，赌友也掷出了一次 4 点，这时他们中止了赌博。那么，两人应该怎么分这 64 个金币的赌金呢？赌友认为德·美尔要再掷一次 6 点才算赢，而赌友若能掷出两次 4 点也就赢了。这样，赌友所得应该是德·美尔的一半，即得 64 个金币的 $\frac{1}{3}$，而德·美尔得 $\frac{2}{3}$。德·美尔则认为不应该这样算，因为即使下一次赌友掷出了 4 点，两人也是平分秋色，各自收回 32 个金币，何况那一次自己还有一半的可能得 16 个金币。所以他主张自己应得全部赌金的 $\frac{3}{4}$，赌友只能得 $\frac{1}{4}$。

德·美尔的问题居然把帕斯卡给难住了。他为此苦苦想了三年，终于在 1654 年悟出了一点儿道理。于是，他把自己的想法写信告诉了好友费马，两人对此展开了热烈的讨论。他们频频通信，互相交流，围绕着赌博中的数学问题开始了深入细致的研究。帕斯卡和费马还亲自做了赌博实验，仔细分析和计算赌博中出现的各种问题，终于完整地解决了"分赌金"的问题，从而建立了概率论的一个基本概念——数学期望，这是描述随机变量取值的平均水平的一个量。

荷兰数学家惠更斯经过多年的潜心研究，也解决了掷骰子中的一些数学问题。1657年，他将自己的研究成果写成了专著《论赌博中的推断》，这本书迄今为止被认为是概率论中最早的论著。因此，可以说早期概率论的真正创立者是帕斯卡、费马和惠更斯。

拉普拉斯

1713年，瑞士数学家雅各布·伯努利的名著《猜度术》出版（又名《猜测术》或《推想的艺术》），是概率论成为数学中一个独立分支的标志。

1812年，法国拉普拉斯所著《概率的分析理论》出版发行，其中首次明确规定了概率的古典定义。19世纪后，概率论被广泛应用于自然科学甚至社会科学中。

概率论在20世纪迅速地发展起来。现在，概率论与以它作为基础的数理统计学一起在自然、社会、工程、军事及农业的各个领域中都起到了重要的作用。在社会服务领域，概率的应用更为明显，比如以排队过程模型来描述和研究电话通信、水库调度、病人候诊等一系列服务的系统。随着社会科学领域的进一步发展，概率论将会得到更大的发展和应用。

数学万花筒

赌博的历史非常悠久，据古希腊著名历史学家希罗多德的记载，早在距今 3500 年前的时候，就已经出现了掷骰子的游戏，只不过那时埃及人们玩的骰子还不是现在人们所接触到的形态，不过到了距今 3200 年的时候，有 6 个面的立方体骰子就出现了，而且和现在的基本一样。

不过让人有些疑惑的是，赌博有数千年的历史，但对赌博中相当重要的概率问题却一直到文艺复兴时期才有人关注，这着实有些不合常理。后来也有人从社会伦理和道德的角度去尝试解开这个疑问。他们认为，赌博不管是在古代还是当代，都不是一种和主流价值观相合的活动，其中有太多偶然性的因素，同时也引发了很多的罪恶。所以人们会本能地排斥相关的研究，尤其是会助长更多人参与或者放大财富效应的研究。试想一下，如果真的有人研究出了可以多赢少输的方法，那不但不会让人对赌博产生畏惧，相反，会促使更多人去研究赌博，参与赌博，这对整个社会而言，不是一件好事。所以在一种整体的舆论氛围下，对赌博中的概率研究一直处于休眠状态。

相关阅读

布莱士·帕斯卡，法国著名的数学家、物理学家、哲学家和散文家。1623 年 6 月出生于法国奥维涅省。

帕斯卡是位少年天才，他在很小的时候就取得过惊人的成就，比如独立地发现了欧几里

布莱士·帕斯卡

得定理的前 32 条，比如在 12 岁时发现并提出 "三角形的内角和等于180 度"，再比如 17 岁时写成一篇质量水准相当高的论文——《圆锥截线论》。

少时成名之后，帕斯卡又在做税务工作的间隙发明了世界上的第一台计算器——加法器，它可以完成基础的四则运算过程，为现代计算器的出现奠定了坚实的基础。

第二节
统计学的产生

统计学和概率论一样，也是数学中的一个非常重要的独立分支，而且其发展路径也和概率论有着惊人的相似，最开始都是一些感性或者经验性质的实践应用，到后来才逐渐走上系统的科学化之路，这一点在东西方文明发展轨迹中都有所体现。

大概在距今 4000 多年前的时候，我们的祖先在整治河道之前要先确定怎样的走向最为有利，就开始了简单的统计过程，比如这一块区域共有多少人，有多少庄稼，另一块地方的情况又是怎样的等。进入封建社会之后，历朝历代都会对国家的人口、田亩、税收、开支等进行分门别类的统计，并作为施政的依据之一。可见描述性统计学，在我国早就开始运用了，只是缺乏专门的研究，还没有形成系统知识。

而在西方，大约距今 5000 年前，为了筹集建造金字塔的费用，古埃及当局对全国的人口和财产进行了统计；到了亚里士多德时代，统

计开始逐渐往理性演变，统计在卫生、保险、
贸易、军事和行政管理方面的应用都有详细的
记载。

不过这些都还只能算是统计，而不能被称
之为统计学。这一切直到英国统计学家威廉·配
第的出现，才有所改观。当时，威廉·配第写
了一本名叫《政治算术》的著作，其中广泛地
运用了数字、图表、统一的单位和度量衡等，

威廉·配第

正是由于这些现代统计学基本特点的出现，统计学才正式登上了历史
的舞台。也正是因为如此，威廉·配第被马克思称之为"统计学的创
始人"。

虽然原始的统计工作已经有了几千年的历史，但是它作为一门科
学，还是从 17 世纪开始的。

"统计"这个词最早源于中世纪拉丁语 status，是指各种现象的状
态和状况。由这一语根组成的意大利语 stato，表示"国家"的概念，
也含有国家结构和国情知识的意思。根据这一语根，18 世纪德国哥丁
根大学政治学教授亨瓦尔最早将"统计"作为学科名使用，他在 1749
年所著的《近代欧洲各国国家学纲要》一书的绪言中，把国家学定名
为"statistika"。这个词原意是指"国家显著事项的比较和记述"或"国
势学"，认为统计是一门关于国家应该注意的事项的学问。从此以后，
各国相继沿用"统计"这个词，并把这个词译成各国的文字，法国译
为 statistique，意大利译为 statistica，英国译为 statistics，日本最初译为"政
表""政算""国势""形势"等，直到 1880 年在太政官中设立了统
计院，才确定以"统计"为正名。1903 年（清光绪二十九年），钮永建、
林卓南等人翻译了日本横山雅南所著的《统计讲义录》一书，把"统计"

这个词从日本传到我国。1907年，彭祖植编写的《统计学》在日本出版，同时在国内发行，这是我国最早的一本"统计学"书籍。

从这些语言的演变中，我们可以知道统计是一门和日常生活有着重要联系的学科。

数学万花筒

在了解统计学的过程中，我们不应该忘记寇特莱特和高尔顿所做的巨大贡献。前者是比利时的统计学家，后者则是英国的人类学家，他们在利用统计学解决实际研究问题的过程中不断推陈出新，扩展统计学的应用范围，寇特莱特甚至预言："统计方法，可应用于各种科学的各种部门。"

寇特莱特

事实上，后来统计学的发展也印证了这一点。还有一个问题值得大家注意，概率论的发展也在一定程度上推动了统计学的发展，更准确地说，应该是二者相互促进，共同发展。因为概率本身就需要有大量的统计数据为基础，而统计学也需要概率指明研究的方向。

相关阅读

英超足球俱乐部阿森纳在125年的历史中，一共拥有过803名球员，进行过5174场比赛。在这803名球员中，有83人（10.3%）只为阿森纳出场过一次，有502人（62.5%）为阿森纳的出场次数在2～49这个区间，有 198 人（24.7%）为阿森纳出场超过 100 次，极少数的 20人（2.5%）作为俱乐部的传奇为球队效力 400 场以上。

在这个排行榜上排名第一的是奥莱利，1975—1993 年，他为阿森纳共出场 722 次。出场次数排名历史前 9 的那些球员总共出场了 5289场次。如果每个人都是单独出场的话，那么他们的出场总和已经超过了阿森纳 125 年来所有进行过的比赛的场次数了。

在 803 名球员中，有过半数的球员都曾取得过进球，其中有 205人（25.5%）为阿森纳效力时进球 10 个或以上。在 125 年间，阿森纳共进球 8745 个，也就是平均每个效力过阿森纳的球员取得了 10.9 个进球（包括了乌龙球所造成的误差）。球员平均进球数之所以达到将近 11 个，是因为有 17 位巨星（2.1%）分别为俱乐部贡献了 100 个以上的进球，这 17 人的进球数占了阿森纳历史总进球数的 26.2%。其中，亨利以 226 个进球排名首位。

第三节
购买奖券时买连号的还是不连号的？

购买奖券时到底是买连号的好还是买不连号的好？到底哪一种中奖机会大呢？

举一个简单的例子：设有某种奖券，奖券号末位是 0 的就中奖，中奖机会（概率）是 10%。现购买两张奖券，如果购买连号，则两张奖券的奖券号末位共有 10 种可能，分别是（0，1），（1，2），（2，3）…

（9，0），且每一种情况出现的可能性（概率）是一样的，而其中只有（0，1）及（9，0）两种情况下，会有一张奖券中奖，因此，总的中奖概率为20%，平均中奖次数为1×20%＝0.2次。如果不买连号的而任意购买两张奖券，则两个末位号有以下100种可能，并且每种情况出现的概率相同，各为1%。

（0，0），（0，1），（0，2）…（0，9）

（1，0），（1，1），（1，2）…（1，9）

……

（9，0），（9，1），（9，2）…（9，9）

在这100种情况中，只有在（0，0）一种情况下，所购买的两张奖券都中奖，因此概率是1%；而在（0，1）…（0，9）及（1，0）…（9，0）共18种情况中，有且只有一张奖券中奖，概率为18%；在其余情况下，所购买的两张奖券均不中奖。在这种情况下，总的中奖概率为1%＋18%＝19%，比购买连号时的20%小了1%，但平均中奖次数为2×1%＋1×18%＝0.2次，与购买连号时一样。因此，购买连号或不连号的两种情况，平均中奖次数（机会）是一样的。

如果购买三张奖券，计算也与前面类似。购买连号的时候，中奖概率是30%，平均中奖次数是0.3次。购买不连号的时候，三张奖券都中奖的概率是0.1%；有两张奖券中奖的概率是2.7%；只有一张中奖的概率是24.3%。此时，总的中奖概率是27.1%＜30%，而平均中奖次数为3×0.1%＋2×2.7%＋1×24.3%＝0.3次，仍与买连号时一样。事实上，无论购买几张奖券，两种购买方式的平均中奖次数都是一样的。

再把这个例子改一改，设末位奖券号为0时中二等奖，末两位奖券号为00时中一等奖，且不同奖项可兼中兼得。假设仍然是购买两张奖券，前面已计算过，无论采用哪一种购买方式，中二等奖的平均次数是一样的。类似的可以计算出，购买连号奖券时，中一等奖概率为 2%，平均中奖次数为 0.02 次；购买不连号奖券时，都中奖的概率是 $1\% \times 1\% = 0.01\%$，只有一张中奖的概率是 $1\% \times 99\% + 99\% \times 1\% = 1.98\%$。因此，总的中一等奖的概率为 $1.99\% < 2\%$，中奖次数为 $2 \times 0.01\% + 1 \times 1.98\% = 0.02$ 次，两种购买方式的平均中奖次数仍然是一样的。

摇奖机

总而言之，无论奖项分几个等级，无论每个奖项的中奖概率是多少，也无论购买多少张奖券，购买连号的或不连号的，总的中奖概率可能不同，但平均中奖次数总是一样的。

数学万花筒

我们常会碰到这样的问题，10 个人抽一个奖，很多人都认为，先抽的人比较划算，后抽不划算。其实，每人获奖的概率是一样的。现在我们来分析一下：

第一个人抽着奖的概率是 $\frac{1}{10}$，抽不着奖的概率为 $\frac{9}{10}$。

第二个人抽时只有 9 个签，有两种可能：①第一个人已抽着奖，那么第二个人抽着奖的概率应该是 $\frac{1}{10} \times \frac{0}{9} = 0$；②第一个人未抽着奖，第二个人抽着奖的概率应是 $\frac{9}{10} \times \frac{1}{9} = \frac{1}{10}$。所以第二个人抽着奖的概率为 $\frac{1}{10} \times \frac{0}{9} + \frac{9}{10} \times \frac{1}{9} = \frac{1}{10}$。因此，不管第一个人是否抽到奖，第二个人抽到奖的概率仍是 $\frac{1}{10}$。

第三个人去抽签时还有 8 张签，也是两种情况：①前面两个人中已有一个抽着奖，则第三个人抽着奖的概率应是

抽奖

$(\frac{1}{10}\times\frac{0}{9}+\frac{1}{10}+\frac{1}{9})\times\frac{0}{8}=0$；②前面两人都未抽着奖，而第三人抽着奖的概率应是$(\frac{9}{10}\times\frac{8}{9}\times\frac{1}{8})=\frac{1}{10}$。所以第三人抽着奖的概率为$(\frac{1}{10}\times\frac{0}{9}+\frac{0}{10}+\frac{1}{9})\times\frac{0}{8}+\frac{9}{10}\times\frac{8}{9}\times\frac{8}{9}\times\frac{1}{8}=\frac{1}{10}$。

因此，不管第一人、第二人是否抽着奖，第三人抽着奖的概率仍为$\frac{1}{10}$，所以，10人抽签不管先抽还是后抽，抽着奖的概率是一样的，机会是一样的。

相关阅读

父母个子不高，而子女长高的概率大约为$\frac{1}{3}$。因为，决定身高的因素35%来自父亲，35%来自母亲。假若父母双方个头都不高，那只剩30%的后天身高因素可把握，这也决定了子女力求长个的尝试不会有明显效果。

一只通体雪白的"雪虎"出现的概率为十万分之一，"雪虎"是白虎基因进一步变异的结果，而白虎在全世界仅有200多只，所以，"雪虎"的出现就更为罕见。随着老虎的日益稀少，白虎以及"雪虎"出现的概率将更小。

美国加州一对夫妇在一天之内连中两张巨额彩票，分别赢得了1700万美元的"超级路透累注奖"和12.6万美元的"第五梦幻奖"。这两个奖项的获得概率分别是四千一百万分之一和五十七万五千分之一，而他们在一天之内连中这两项大奖的概率，或许得用计算机才能算出来。统计学家称他们打破了"不可能的概率"，他们也许将因此成为世界上运气最好的夫妇。

水利专家说，洪水多少年一遇，是通过以多个历史特大值做参考，进行复杂的频率分析得出的。1%的概率为百年一遇，2%的概率为50年一遇，0.5%的概率为200年一遇，依此类推。所谓百年一遇不等于100年才来一次，可以是100年出现多次，也可以100年不来一次，甚至也可以今年一次明年一次。

第四节
统计图表的演变

统计图形，又称为统计图、统计学图形、图解方法、图解技术、图解分析方法或图解分析技术，是指统计学领域当中用于可视化定量数据的信息图形。有时，人们也把统计图形与各种统计学表格统称为统计图表或统计学图表。

统计学与数据分析过程可大致分为两个组成部分：定量分析方法和图解分析方法。定量分析方法是指产生数值型或表格型输出的统计学操作程序，包括假设检验、方差分析、点估计、可信区间以及最小二乘法回归分析等。这些手段以及与此类似的其他技术方法全都颇具价值，属于经典分析方面的主流。

图解式统计学方法具有四个方面的目标：①探究数据集的内容；②用于发现数据之中的结构；③检查统计学模型之中的假设；④沟通传达分析结果。

在一些研究中，如果不采用统计图形，也许就会丧失深入认识数

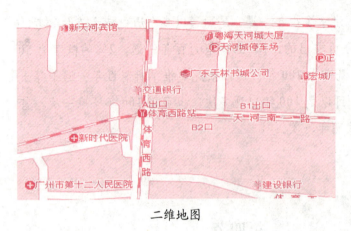

二维地图

据基础结构的一个或多个方面的机会。

统计图形的起源可以追溯到人们最早试图分析数据的活动，而如今这种技术方法已经成为科学发展的关键手段之一。早在 18 世纪，人们就采用了许多为我们当前所熟悉的统计制图手段和形式，如二维地图、统计地图、条图以及坐标纸。自 1970 年以来，随着计算机图形学及其相关技术方法的兴起，统计图形目前已经东山再起，再度成为一种重要的分析工具。

数学万花筒

下列人物是一些著名统计图形的设计者：

威廉·普莱费尔	发表了所谓的第一幅饼图以及众所周知的描绘英格兰进出口发展演变情况的图形。
南丁格尔	曾经运用统计图形来说服英国政府以改善军队的卫生状况。
约翰·斯诺	绘制了 1854 年伦敦霍乱死亡病例的分布图，从而发现了病源所在。

（续）

查尔斯•约瑟夫•密纳德	设计了大量的地图，其中最为著名的一幅描绘了拿破仑入侵俄国的活动。
奥托•诺伊拉特	设计了一种称为同型图的特殊类型的统计图形，这种图形工具的具体目的就是，通过对群众进行形象的可视化教育，来实现社会变革。

相关阅读

自 18 世纪后期数据图形学诞生以来，抽象信息的视觉表达手段一直被人们用来揭示数据及其他隐匿模式的奥秘。

20 世纪 90 年代期间问世的图形化界面，则使得人们能够直接与可视化的信息之间进行交互，从而造就和带动了十多年来的信息可视化研究。信息可视化试图通过利用人类的视觉能力，来搞清抽象信息的意思，从而加强人类的

威廉•普莱费尔

认知活动。因此，具有固定知觉能力的人类就能驾驭日益增多的数据。信息可视化的英文术语 "*information visualization*" 是由斯图尔特•卡德、约克•麦金利和乔治•罗伯逊于 1989 年创造出来的。

信息图形领域的工作可以追溯到 18 世纪末期苏格兰工程师威廉•普莱费尔的时代。威廉•普莱费尔乃是最早采用线和面之类抽象的视觉资源来可视化地表达数据的人之一。自从经典的绘图方法建立以来，1967 年，法国地图绘制专家雅克•贝尔坦率先发表了图形学理论。该理论确定了构成图形的基本要素，并且描述了一种关于图形设计的框

架。1983 年，耶鲁大学统计学教授爱德华·塔夫特发表了关于数据图形学的理论，强调有用信息密度的最大化问题。后来，贝尔坦和塔夫特的这些理论在形形色色的领域当中变得闻名遐迩，且富于影响力，从而使得信息可视化发展成为了一门学科。

第五节
人口统计学中使用了哪些数学概念？

　　人口统计学是对人口进行统计和研究来分析人口的特质结构的学科，包括人口数量、密集度、增长速度、分布特点及重要统计数据等因素。其中普遍人口统计数据包括出生率、死亡率、平均寿命以及婴儿死亡率。

　　出生率通常在人口统计中用于描述某地区每年人口的活产婴儿比率，常表示为每 1000 人口的全年活产婴儿数；或者以一个时间划分，比如半年。与此相关的是婴儿死亡率，即该年每 1000 名活产婴儿中，未满周岁婴儿的死亡数。

　　死亡率是指某地区人口死亡的比率，常表示为每 1000 人口的全年死亡人数。

　　平均寿命常与死亡率相关，表示一定人口的平均寿命，它是在假设未来每个年龄段的死亡率是不变的条件下，以统计数字概率为基础进行计算的，常表示为同年出生的一组人预期的平均寿命。

　　在人口统计学中，经常会使用到人口金字塔图和生命表。

　　人口金字塔图（如下图）是按人口年龄和性别表示人口分布的特

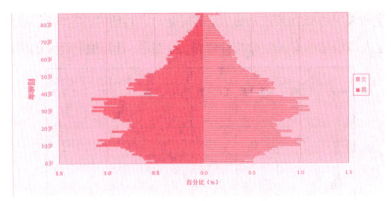

人口金字塔图（2000年）

种塔状条形图，是形象地表示年龄和性别构成的图形。水平条代表每一年龄组男性和女性的数字或比例，金字塔中各个年龄性别组相加构成了总人口。

　　人口金字塔图以图形来呈现人口年龄和性别的分布情形，以年龄为纵轴，以人口数为横轴，按左侧为男、右侧为女绘制图形，其形状如金字塔。金字塔底部代表低年龄组人口，金字塔上部代表高年龄组人口。人口金字塔图反映了过去人口的情况，目前人口的结构，以及今后人口可能出现的趋势。这些金字塔的形状多种多样，比如说呈三角形的人口金字塔通常象征高出生率和死亡率，平均寿命短，这是经济欠发达国家人口的主要特点；矩形人口分布金字塔表示不同年龄组之间的人数数量变化不大，更多人达到老龄，这是经济较发达国家人口的主要特点。

　　人口金字塔图有几种用途，除了计算人口平均寿命，它还经常用于计算在特定人口受抚养者的数量。在这里，受抚养者是指15岁以下的全日制上学并"无能力"工作的孩子和65岁以上的退休的人。尽管这是一个被普遍认同的定义，但并不适用于所有国家的所有情况。因此，政府可以用这个条状图来确定在工作人口中有多少人能供养受抚养者。

生命表又称死亡表或寿命表，是根据一定时期的特定国家（或地区）或特定人口群体的有关生命统计资料，经整理、计算编制而成的统计表。

年龄 x	死亡概率 q_x	尚存人数 l_x	死亡人数 d_x	生存人年数 L_x	x 岁以后生存人年数总和 T_x	平均预期再生存年数 δ_x
0 1 2 ． ． 99 100 ． ．						

格兰特生命表

生命表中最重要的就是设计产生每个年龄的死亡率。

现今的生命表建立在某一时间段（单一或好多年）以年龄区分的死亡率的基础上。它假定同龄人有一既定不变的龄别死亡率，但是，这只是建立在假设的死亡率模式上的，并不是同辈人之间真实的死亡率。在同组生命表中，组群中的人划分明确，通常为同龄人并有同样的经历。因此，根据龄别死亡率可以知道或预测在以后几年死亡率的变化。如果对该群体追踪调查其疾病发生率，则称为同辈或前瞻性调查。

数学万花筒

人口普查

人口普查是指在国家统一规定的时间内，按照统一的方法、统一的项目、统一的调查表和统一的标准时点，对全国人口普遍地、逐户逐人地进行的一次性调查登记。

我国人口普查图

人口普查工作包括对人口普查资料的搜集、数据汇总、资料评价、分析研究、编辑出版等全部过程，它是当今世界各国广泛采用的搜集人口资料的一种最基本的科学方法，是提供全国基本人口数据的主要来源。

从 1949 年至今，我国分别在 1953 年、1964 年、1982 年、1990 年、2000 年和 2010 年进行过六次全国性人口普查。

相关阅读

1620 年，格兰特出生于伦敦。他做过零星服饰用品交易，担任过多个公职，并获得过少校军衔。1662 年，格兰特出版了《关于死亡表的自然的和政治的考察》，此书一出版即受到大家欢迎。1663 年，他当选为英国皇家学会会员。

自 1532 年开始，伦敦地区的教会工作人员每天都会呈交一份有关死亡人数的报告编制成的报表，这些报告包含了死亡年龄和死亡原因的分布。

1625 年，这种报表开始以印刷的形式发放。这种形式对政府追踪了解瘟疫及其他流行病的传播情况有很大的帮助。格兰特仔细研究了这些数据的质量及其可能的缺陷，借助于平均数与分布情况来分析这些数据。

而他所做的最有价值的贡献则是构建了当今统计学家们所称的生命表，他认为这种生命表可以说明并能控制死亡的隐含规律的存在。

格兰特不仅向人们展示了一连串实际观察到的人群中的特殊数字，而且向人们说明死亡是怎样减少一组有共同特点的人群数量的。挑选一个假设的"整数"人群来制作与生命表进行对比的死亡表，将观察

所得的死亡率用于这个整数，他发表了下表中的数据，一半以上的人

每 100 个新生婴儿中	
在满 6 周岁时	64 人存活下来
在满 16 周岁时	40 人存活下来
在满 26 周岁时	25 人存活下来
在满 36 周岁时	16 人存活下来
在满 46 周岁时	10 人存活下来
在满 56 周岁时	6 人存活下来
在满 66 周岁时	3 人存活下来
在满 76 周岁时	1 人存活下来
在满 86 周岁时	0 人存活下来

格兰特关于存活率的数据

在 16 岁之前死亡。

现在我们用该表是从 0 岁开始，而不是从妊娠开始，不同年龄范畴都会用到。但是在追踪适当的共同群体经历时，运用不同年龄段死亡率的概念是相同的。

第六节
兵法与博弈原理

上校赛局是一个两人参与的零和赛局，参与者需要同时在一些对象中分配有限的资源，其最后的收益是单个对象收益之和。

这个博弈大意如下：一个上校同时需要在多个战场（3 个以上）与对手作战，敌我双方总兵力相同，但是在每一个战场分派较多士兵的

一方会胜利，赢了较多战场的一方是最后的赢家。当然，敌方怎么排兵布阵，他并不知道。那么，他该如何选择在每个战场投放多少兵力，以达到最佳效果？

现在我们用最简化的数字模型作为条件：A 和 B 都有 6 名士兵，都需要把他们投放到 3 个战场，在每个战场人数多者为胜，最后的胜负都要看谁赢得较多的战场。

显然，在总兵力只有 6 个，战场只有 3 个的情况下，他的选择也只有三种，分别是（2，2，2），（1，2，3）和（1，1，4）。哪一种更好呢？

将三种方案比较一下，很容易便可看出：

（1，1，4）对（1，2，3）平手

（1，2，3）对（2，2，2）平手

（2，2，2）对（1，1，4）胜出

在这个博弈模型中，只有一种很明显的情况能够分出胜负，也就是一方选择（2，2，2），而另一方选择（1，1，4）。比较三种策略，（1，2，3）与另外两种都打成平局；（1，1，4）最差，与（1，2，3）打平，败给（2，2，2）；而（2，2，2）的表现最好，与（1，2，3）打平，却可以打败（1，1，4）。这表明在这个模型中，最佳策略是（2，2，2）。即使双方都选择（2，2，2），也能打个平手。

如果你仔细观察，当双方都选择（1，2，3）时，会有一些有趣的事情发生。比如你选择了（1，2，3），而对手选择了（1，2，3）或（3，2，1），你们将打成平手。但是，如果对手选择的是（2，3，1）或（3，1，2），那么将会分出胜负——前者你输，后者你赢。

在上面的例了中，（2，2，2）明显要好过（1，1，4），但是如果因此而得出平均分配资源是最好的选择，那就错了。如果提高游戏的总兵力，或者增加战场数，就可以发现"平均分配"并不是一个优势策略，相反，在足够多的战场集中足够多的兵力取得胜利，才是赢得竞争的正确思路——这其实也就意味着主动放弃在另外一些战场的投入。

但是，上校赛局的条件是双方都不知道对方的兵力部署，一旦这个平衡被打破，胜负的天平就会倾向于一方。我国古代的田忌赛马就是这方面的案例。

赛马是当时最受齐国贵族欢迎的娱乐项目，上至国王，下到大臣，常常以赛马为乐，并以重金赌输赢。田忌与齐王第一次赛马时遭到惨败，当齐王满面春风地再次邀请田忌赛马时，田忌感到很为难，一方面君王的旨意不好违背，另一方面自己对这种必败的比赛失去了信心。

田忌的军师孙膑是颇有才能的军事家，他得知这件事后便给田忌出了一个主意：用自己的下等马和国王的上等马比赛，上等马和国王的中等马比赛，中等马和国王的下等马比赛。

比赛开始，第一场国王的马以极大的优势取得了胜利，但在第二、第三场比赛中田忌的马都取得了胜利。这一轮国王不但没赢，反而输了一千两黄金。

其实，在这场赛马中，齐王有6种出马的对策：（上、中、下）、（上、下、中）、（中、上、下）、（中、下、上）、（下、上、中）和（下、中、上），括号中写的是出马的等级和顺序，田忌的对策也同样有6种。这样搭配起来就有36种对赛的格局，而其中齐王赢三千两黄金的格局有6种，赢一千两黄金的格局有24种，剩下的6种才会反输一千两黄金。因此，从总的来看，田忌输的概率为$\frac{5}{6}$，赢的概率只有$\frac{1}{6}$。

既然田忌赢的可能性是这样小，那么孙膑是根据什么来取胜的呢？原来关键在于孙膑摸准了

田忌赛马

齐王的对策，他估计到齐王由于上一次的大获全胜，这次是不会轻易更改这种对策的，这就使得孙膑在对局前便把握了主动权，有的放矢地制定了"退一步，进两步"的策略。齐王失败的关键在于自己的策略被对方洞悉。

数学万花筒

博弈论也叫"对策论""赛局理论"，属应用数学的一个分支。目前，博弈论已经成为经济学的标准分析工具之一。

博弈论在生物学、经济学、国际关系、计算机科学、政治学、军事战略和其他很多学科中都得到广泛的应用。博弈论主要研究公式化了的激励结构间的相互作用，是研究具有斗争或竞争性质现象的数学理论和方法，也是运筹学的一个重要学科。

博弈论考虑游戏中的个体的预测行为和实际行为，并研究它们的优化策略。生物学家使用博弈论来理解和预测进化论的某些结果。

相关阅读

孙膑是战国时代的齐国人，春秋末期杰出的军事家孙武的后代。曾与庞涓为同窗，师从鬼谷子学习兵法。

公元前4世纪的中国，处在诸侯割据的状态，历史上称为战国时期。庞涓是魏惠王的将军，因为嫉贤妒能，担心孙膑受到魏王的重用而取代自己的位置，于是将孙膑骗到魏国，使用奸计，让孙膑被处以髌刑。孙膑被齐国使臣救出后，到达齐国国都。

齐国使臣将他引荐给齐国的大将军田忌，田忌向孙膑请教兵法，孙膑讲了三天三夜，田忌特别佩服，将孙膑待为贵宾，孙膑对田忌也很感激，经常为他献计献策，成了田忌的门客。后来在马陵之战中，孙膑使用计策杀了庞涓，将魏军打败。

第七节
换还是不换？

现在，我们经常会在电视上看到这样一种节目：主持人让参赛者选择装有不同奖励盒子的游戏节目。这种节目非常普遍，选对了盒子，那么盒子里的奖品就是你的，选错了盒子，那就只能失望而归了。这样的游戏绝不仅仅是选择盒子这样一个简单的行为，通常伴随着一系列的行为和决定后才最终打开盒子。

假设参赛者面前有三个盒子，我们不妨称之为 A、B、C。其中一个盒子中装有 1000 元人民币，而另外两个盒子里各装有一根香肠。参赛者选择了盒子 A，但没有打开它，节目主持人随之打开了另外两个盒子中的一个，里面是一根香肠。然后，节目主持人狡猾地问参赛者是坚持他原来的选择，还是换成另一个没有被打开的盒子。参赛者对这样的提议感到犹豫和怀疑，他认为，既然只有两个盒子没有被打开，其中一个装着人民币，那么每个盒子里装有钱的概率是 0.5，所以他可能还是坚持原来的选择。

这样的推理似乎并没有什么错，其实他做了错误的选择。因为，如果他选择换成另一个没有打开的盒子，他赢得奖金的概率是坚持原来选择的两倍。盒子里装着钱或香肠的各种可能如下图所示：

概率	盒子		
	A	B	C
$\frac{1}{3}$	钱	香肠	香肠
$\frac{1}{3}$	香肠	钱	香肠
$\frac{1}{3}$	香肠	香肠	钱

这个游戏的关键是主持人知道钱在哪个盒子里，而且他总是会先打开一个藏着香肠的盒子。我们假定参赛者起初选择了盒子 A，并且决定不换盒子，如果钱和香肠的摆放如上图第一行所示，那么他会赢钱；但是，如果钱和香肠的摆放是另外两种情况，他在盒子里找到的将是香肠。因此，他获胜的可能性是 $\frac{1}{3}$。

我们再假定他总是决定换盒子，如果钱和香肠的摆放如第一行所示，那么无论主持人打开含有香肠的哪个盒子，参赛者将总是拿到另一根香肠，所以，换盒子将使他输了游戏。

但是，如果钱和香肠的摆放如上图第二行所示，那么主持人将盒子 C 打开，更换盒子将使得参赛者选择打开盒子 B，此时他将赢得奖金；同样，如果钱和香肠的摆放如最后一行所示，主持人会打开盒子 B，参赛者将选择打开盒子 C，同样赢得奖金。

对于三种选择方法，参赛者有两种方法将获胜，所以他获胜的概率是 $\frac{2}{3}$，恰好是他选择不换盒子的 2 倍。

数学万花筒

某军团有 5 个师，第 1 师有工程、舟桥部队，第 2 师有工程、装甲、通讯部队，第3师有舟桥、装甲部队，第4师有工程、空降部队，第5师有装甲、通讯部队。

在一次演习中，上级要求该军团在尽量少动用兵力又保证兵种齐全的情况下，抽调几个师的兵力对"敌人"进行围剿。军团司令找来参谋长商量方案，看看需要抽调哪些师投入"战斗"。

参谋长把军团5个师分别定为a、b、c、d、e，各师的兵力分布情况分布如下表：

	舟桥	工程	装甲	通讯	空降
a	✓	✓			
b		✓	✓	✓	
c	✓		✓		
d		✓			✓
e			✓	✓	

所以，参谋长有4种方案可选：adb、ade、cdb和cde。你算出来了吗？

 相关阅读

鸽笼原理

三只鸽子要飞进两个笼子，那么其中一定有一个笼子里面有两只鸽子。道理很简单，如果一个笼子只装一只鸽子，那么两个笼子就只能装下两只鸽子，那么另外的一只怎么办呢？它一定也要飞进笼子，不管它飞进哪一个，都会使那个笼子里面有两只鸽子。扩展开来，如果有$n+1$只鸽子要飞进n个笼子，那么至少有一个笼子里面有两只或两只以上的鸽子。

鸽笼原理是一个非常简单却很实用的原理，而且了解鸽笼原理，对于我们研究概率也是很有帮助的。根据鸽笼原理，我们可以解决很多问题。比如说在13个人中，至少有2个人会出生在同一个月份；在32个出生在同一个月份的人中，至少有2个人会出生在同一天，等等。

第四章
课本中的数学家

主题引言

在任何一个领域里，都有一批人曾经或正在为该领域的发展做出自己的重大贡献。在数学领域也不例外。

几千年的发展，数学中越来越多重要的公式或定理或算法都得到了证明。数学家们为一个又一个的数学难题提出了科学的解决方案。

数学家们为什么要研究？因为他们有着很强的好奇心，因为他们对数学有一种特殊的喜爱，也因为他们愿意这样做。

下面，就让我们一起来了解一些课本中出现过的数学家的生平，看看他们是怎样走入数学王国，走上数学之巅的吧。

第一节
古希腊数学的鼻祖——泰勒斯

"没有希腊的文化和罗马帝国所奠定的基础,就没有现代的欧洲。"这是思想家恩格斯对古希腊在人类文明史上重要地位的高度认可。但让人比较意外的是,希腊的科学之父并不是诞生在希腊本土,而是来自于一个很不起眼的地中海东岸小亚细亚地区的米利都,这个人就是古希腊数学的鼻祖——泰勒斯。

泰勒斯出生于公元前 624 年,家境相当优越,是一个奴隶主贵族家庭的成员。按照他当时所拥有的条件,做上高官或者经商成为巨富都是一件非常容易的事情。不过,泰勒斯对这些常人看来很具有诱惑力的活动没有什么兴趣,只一门心思地扑在了哲学和科学研究上,并且在这两个方面闯出了一片非常开阔的天地。

泰勒斯

关于泰勒斯在科学上的功绩,有一个很著名的故事。在泰勒斯生活的年代,金字塔已经耸立在茫茫沙漠中 1000 多年了。不过由于当时的科技条件十分有限,金字塔的准确高度一直是一个环绕在人们心头的谜团。

一天,到埃及旅行的泰勒斯听说这件事情之后,认为自己有测量的准确方法。于是请来当地的法老,在众人的围观下开始测量。如果把泰勒斯的测量方法放到今天来说,很好理解,就是在小学数学中都要学到的相似三角形原理，泰勒斯让法老和金字塔处于一个特殊的平面上，然后观察人影的变化，从而最终求得金字塔的准确高度。虽然很简单，但却很实用，这在当时引起了比较大的轰动。

而如果要说泰勒斯对于数学的具体贡献，亚里士多德的学生欧德莫斯在自己编撰的《几何学史》中提到：泰勒斯是去到埃及并把几何学这一专门知识带回希腊的第一人。他本人发现了许多问题，并将许多其他基本原理告诉他的继承者。在某些方面他的方法更普遍，在另一些方面又更具经验性。

而另一位著名的学者普罗克勒斯则进一步解读到，以下的五大发现和泰勒斯之间存在着重要的联系，它们分别是：（1）任何圆周都要被其直径平分；（2）等腰三角形的两底角相等；（3）两直线相交时，对顶角相等；（4）如果已知三角形的一边及两邻角，则此三角形完全确定；（5）半圆周角是直角。

不过，越来越多的研究表明，这两位的评价都还算不上特别的贴切和完整，因为那五大发现在当时已经有很多人知晓，泰勒斯并不是它们的原始发现者。现在大家的普遍认识是，泰勒斯是第一个让人们的经验感知变成一门严谨学术的人，比如说等腰三角形的两底角相等，这一点只要有人画出百十来个等腰三角形，然后一个一个地比较观察，就能得出经验性的认识——只要是等腰三角形，两个底角就是相等的。

而泰勒斯的贡献在于他超越了这种朴素的感性认识，将其上升为一种逻辑严密、很有说服力的专门命题。经过他的证明，人们可以摆脱单纯经验带来的不确定性，因为你画了100个等腰三角形，他们的底角都是相等的，但这并不能完全消除人心中的困惑，要是有谁画了1000个等腰三角形，会不会里面就有两底角不相等的情况出现呢？而有了泰勒斯严谨的证明，这个问题就不再是问题了，不管画多少个等腰三角形，两底角都一定是相等的。

所以说，泰勒斯的最大贡献不在于他发现了什么或者具体证明了什么，而是他让人类的经验开始向科学转化，这一点至关重要，只有科学的真正诞生，才能说人类真正进入了一个发展的新阶段。这也是泰勒斯能够被人们称为"数学鼻祖"的根本原因。

数学万花筒

发生在泰勒斯身上的轶事还有很多。比如由于痴迷于科学研究，他常常会闹出一些让人哭笑不得的事情。一天晚上，他很专注地边走边观天象，经过一番推算，他预计第二天会下雨，可事也凑巧，刚好在这个时候，他掉进了一个大坑里，摔得着实不轻。后来，当别人把他救起来的时候，他的那股痴劲又上来了，在感谢完别人的搭救之后，马上来了一句："你知道吗？明天会下雨啊。"让人不知道说什么好。

泰勒斯还是一个非常爱好和平的人。当时米底王国与吕底亚王国进行了十分惨烈的战争，两国主要的交战地哈吕斯河一带血流成河，战争打了整整五年也没有结束的迹象。

泰勒斯对这件事情非常反感，战争没有给人们的生活带来任何帮助，反倒是让大量的人民无家可归，生活困难。泰勒斯通过自己丰富的科学知识，推测出在不久的将来会出现日食现象，于是他频频向外界宣扬，说上天对这场让百姓民不聊生的战争非常反感，会用日食的方式来惩罚两国的军队。虽然没多少人把泰勒斯的预言当一回事，但是日食真的如泰勒斯所说的一样准确地来了。此番景象让交战双方非常恐惧，以为真的受到了上天的惩罚，马上停止了战争，并且互通了友好。

相关阅读

　　泰勒斯是古希腊时期的思想家、科学家、哲学家，希腊最早的哲学学派——米利都学派（也称爱奥尼亚学派）的创始人，希腊七贤之一，西方思想史上第一个有记载有名字留下来的自然科学家和思想家。

　　他在天文学上也有不小的贡献，他确认了小熊座，对航海事业的发展有很大的帮助。同时，他是首个将一年的长度确定为 365 日的希腊人。

第二节
代数学之父——丢番图

　　丢番图是古希腊重要的学者和数学家，是代数学的创始人之一，对算术理论有深入研究，他的理论完全脱离了几何形式，在希腊数学中独树一帜。要知道，在以毕达哥拉斯为代表的几何学如日中天之时，要想在代数领域闯出一片广阔的天地是多么的困难。丢番图却做到了。

　　在其数学代表作《算术》中，丢番图详细地讨论了数论的相关问题，其中包括一次、二次以及个别的三次方程，甚至还有不定方程的解法。后来数学学界就把只考虑其整数解且具有整数系数的不定方程称之为丢番图方程。

　　代数之所以被称之为代数，就是因为其在解决问题的过程中引入了未知数和方程，这对开拓数学研究的视野有非常重大的意义。而当

丢番图

时的数学研究，几何学是绝对的主流，很多并不适合用几何解决的问题都会被强行地引入几何方法，这在无形中增加了数学发展的难度。

丢番图意识到这些问题之后，并没有顾忌几何学派的强大，而是大胆地提出自己的理论，旗帜鲜明地强调代数就是代数，几何就是几何，二者虽然同属于数学范畴，却是两种功能截然不同的思维和方法，没有孰重孰轻之分，二者是独立平等的。

虽然丢番图在数学领域取得了重大的成就，但是，对于丢番图的生平后人知道得非常少。唯一有关于他的记载是从《希腊诗文集》中找到的，这是由麦特罗尔写的丢番图的"墓志铭"。这篇神奇的墓志铭是这样的：

过路的人！这儿埋葬着丢番图，请计算下列数目，便可知他一生经过了多少个寒暑。

他一生的六分之一是幸福的童年，十二分之一是无忧无虑的少年，再过去七分之一的生命旅程，他建立了幸福的家庭。五年后儿子出生，不料儿子竟先于父亲四年而终，年龄不过父亲享年的一半。晚年丧子的老人真可怜，他在悲痛之中度过了风烛残年。

大家想一想，丢番图一共活了多少岁？

根据这些描述，我们可以用一元一次方程来求出丢番图逝世的年龄：丢番图的一生，年幼占 $\frac{1}{6}$，青少年占 $\frac{1}{12}$，又过了 $\frac{1}{7}$ 才结婚，5年后生子，儿子先于他4年而去世，寿命是他的 $\frac{1}{2}$。这相当于方程 $\frac{x}{6}+\frac{x}{12}+\frac{x}{7}+5+\frac{x}{2}+4=x$ 的解，解得 $x=84$，由此知道丢番图享年84岁。

还有一种解法：

（1）丢番图的寿命：

$12 \times 7 = 84$（岁）

解答：答案就是 12，6，7 中最大互质因子的乘积 $12 \times 7 = 84$。

（2）丢番图开始当爸爸的年龄：

$84 \times \left(\frac{1}{6} + \frac{1}{12} + \frac{1}{7} \right) + 5 = 38$（岁）

答：丢番图开始当爸爸的年龄为 38 岁。

（3）儿子死时丢番图的年龄：

$84 - 4 = 80$（岁）

答：儿子死时丢番图的年龄为 80 岁。

数学万花筒

丢番图在研究数学的过程中，喜欢从具体的问题出发，并因此导出多种类型的不定方程和解法。

虽然在丢番图以前已有人探讨过不定方程，但他是第一个系统研究这一理论的数学家。他已脱离实际问题的羁绊，创造出高达 6 阶和多达 10 个未知数的不定方程和不定方程组；给出了二元一次不定方程的一般解；求得了形如 $2mn$，$m^2 - n^2$，$m^2 + n^2$ 的一类勾股数表达式；在解 $Ax^2 + C = y^2$，$Bx + C = y^2$ 等类型方程时，应用了十分高明的技巧，识别了此类方程的实根、有理根和正根；在解方程时，应用了消元法、降阶法、倒推法和极限法等一般方法。不过他的理论缺乏一般性，直到 7 世纪才有印度数学家不断将其趋于完善。

💡相关阅读

游乐场里的跷跷板，大个儿总是沉沉地压向一端，而小个儿总是被抬到高处，这与数学里的不等式是多么相像！

在游乐场里，有8个孩子正在玩跷跷板游戏。他们之中，有5个女孩子，有3个男孩子，女孩子的体重都是25千克，男孩子的体重都是30千克。

他们要在跷跷板上比个高低，女孩子坐在左边，男孩子坐在右边。只见左边坐上去一个女孩子，右边上去一个男孩子后跷跷板便朝右边倾斜下来，当左右两边分别坐着3个女孩子和男孩子时，跷跷板仍然朝男孩子这边倾斜，这时第4个女孩子再坐上去，跷跷板终于往女孩子这边倾斜了，还剩一个女孩子没有机会再上去了。

正在这时，从别处跑来一个男孩子，他对那3个男孩子说："我来帮你们。"于是，第5个女孩子又上了左边，新来的男孩子上了右边，果然，男孩子这边反败为胜。

女孩子们不高兴了，于是，他们之间达成了一个协议：女孩子们下去3个，然后，这个男孩子坐在左边，与女孩子们在一道。这样一变换阵式，却并没有改变女孩子们的境遇，那3个男孩子还是赢了。

试问：这个新来的男孩子的体重大概是多少？

解答：

假设，男孩子体重为 x 公斤；女孩子体重为 y 公斤；新来的男孩子体重为 w 公斤。

那么，新男孩子来了以后，两次竞赛的结果可用两个不等式表示：

$5y < w + 3x$（1）

$w + 2y < 3x$（2）

由（1）式，得到：

$w > 5y - 3x$（3）

由（2）式，得到：

$w < 3x - 2y$（4）

由（3）式和（4）式，得到：

$5y - 3x < w < 3x - 2y$

因为，$x = 30$ 公斤，$y = 25$ 公斤，得到：

35 公斤 $< w < 40$ 公斤

所以，新来的男孩子，他的体重为 $35 \sim 40$ 公斤。

第三节

为数学而死的阿基米德

公元前 213 年，罗马的军队由玛尔凯路率领进犯阿基米德的国家叙拉古。这时，已经 75 岁的阿基米德竭尽自己的所有才能，帮助祖国，抵抗敌人。

玛尔凯路接连攻下两座城后，更加狂妄自大。他认为只要用 5 天的时间，就可以攻陷国都叙拉古城。但他没有想到，阿基米德把他的一切计划打破了。

玛尔凯路率领着船队，从水上进攻叙拉古。每只战舰上的士兵都装备着弓箭、投石器和轻镖枪，先把叙拉古的守卫者压制住，然后通过架在战舰上的攻城机，让士兵冲进叙拉古。

可是，阿基米德做了充分的准备。当敌人的舰队接近的时候，阿基米德就开动他制造的那些巨大的远程投射机器。这些远程投射机器能把 200 多公斤的石块，投射 1000 多米远。这些巨大的石块，像冰雹似地打在战舰上，船沉兵死，一片惊慌。玛尔凯路只得急急忙忙把剩下的战舰撤走。

白天受到挫折的玛尔凯路决定夜间进攻，他以为夜间阿基米德看不远，等舰队到了城下他那些巨大的远程投射机器就用不上了。可是，当玛尔凯路指挥军队夜间进攻的时候，阿基米德短射程的机器开动了。这些机器不断地投掷出短镖枪、石块，使罗马军队又一次遭到沉重打击，连玛尔凯路也差一点丧命。

玛尔凯路不甘心放弃占领叙拉古的企图。他还是催促军队和强迫他的工程师们，继续同阿基米德较量。结果，都是徒劳无功。有时，罗马把带有攻城机的战舰冲到叙拉古的城下，守城者就把一种挂着"长嘴"的机器开动起来，一块块石头从"长嘴"里倾落下来，不但把攻城机打得粉碎，而且也把战舰砸个稀烂，使罗马的士兵陷入绝境。有时，阿基米德指挥从城上放下一种铁钩，这种铁钩用机器操纵着十分灵活，铁钩能钩住罗马兵船的船头，然后把兵船拉起来，使兵船向一边翻倒，扣进水里。

玛尔凯路使尽了各种进攻手段，但都被阿基米德的发明打破了。

罗马军队变得胆小如鼠，一看见从墙头上伸出条绳子，就抱头鼠窜拼命逃跑，并叫喊着："阿基米德又使出一种机器来捉弄我们了！"

玛尔凯路最后没有办法了，只得把叙拉古城团团围住，妄图把城里的人困死。他的这种办法，使得阿基米德也无能为力了。罗马军队一直围困了8个月，最后趁叙拉古人欢度节日而疏于防范的机会，从一个偏僻的城门偷袭进去，才把叙拉古城攻陷。

当罗马军队冲进城的时候，玛尔凯路曾下令不要杀害这位伟大的物理学家和数学家。可是那时，阿基米德正在他的实验室里画他的图形。士兵冲进后，脚踏声惊扰了他。这种惊扰，使他惊醒过来，愤怒地喊道："喂！你弄坏了我的图画，赶快跑开些！"结果激怒了罗马士兵，阿基米德便死于刀下。

阿基米德虽然遇难了，但是，他在科学上给人类做出的贡献，是无法估量的！

数学万花筒

阿基米德，出生于西西里岛的叙拉古，是古希腊哲学家、数学家、物理学家。

阿基米德到过亚历山大里亚，据说他住在亚历山大里亚时发明了阿基米德式螺旋抽水机。后来阿基米德成为兼数学家与力学家的伟大学者，并且享有"力学之父"的美称。

阿基米德流传于世的数学著作有《论球和圆锥》《圆的度量》《抛物线求积》《论螺线》《论锥形体与球型体》等10余种，多为希腊文手稿。

相关阅读

相传叙拉古国王让工匠替他做了一顶纯金的王冠。但是在做好后，国王疑心王冠并非纯金，但这顶王冠确实与当初交给工匠的纯金一样重。工匠到底有没有私吞黄金呢？既想检验真假，又不能破坏王冠，这个问题不仅难倒了国王，也使诸大臣面面相觑。于是国王请来了阿基米德。

最初，阿基米德也是冥思苦想无计可施。一天，他在家洗澡，当他坐进澡盆里时，看到水往外溢，同时感到身体被轻轻托起。他突然悟到可以用测定固体在水中排水量的办法来确定金冠的比重。他兴奋地跳出澡盆，连衣服都顾不得穿上就跑了出去，大声喊着"尤里卡！尤里卡（我知道了）"。

他经过了进一步的实验以后，便来到了王宫，证明了王冠里掺进了其他金属。

阿基米德

第四节
刘徽和《九章算术注》

《九章算术》约成书于东汉之初，共有 246 个问题的解法。其中，在解联立方程，分数四则运算，正负数运算，几何图形的体积、面积计算等许多方面都处在世界先进行列。但因解法比较原始，缺乏必要的证明，因此，刘徽写成《九章算术注》对其做了补充证明。

在这些证明中，刘徽显示出了在很多方面做出的创造性的贡献：他是世界上最早提出十进小数概念的人，并用十进小数来表示无理数的立方根；在代数方面，他正确地提出了正负数的概念及其加减运算的法则；改进了线性方程组的解法。

在《九章算术注》中，刘徽发展了中国古代"率"的思想和"出入相补"的原理，并用"率"统一证明《九章算术》的大部分算法和大多数题目，用"出入相补"原理证明了勾股定理以及一些面积、体积公式。为了证明圆面积公式和计算圆周率，刘徽创造了割圆术，在割圆术中他提出"割之弥细，所失弥少，割之又割以至于不可割，则与圆合体而无所失矣"，这可视为中国古代极限观念的佳作。

除了用基于极限思想的割圆术证明了圆面积公式之外，他还用无穷小分割的思想证明了一些锥体体积公式。

在计算圆周率时，刘徽应用割圆术，从圆内接正 6 边形出发，依次计算出圆内接正 12 边形、正 24 边形、正 48 边形，直到圆内接正192 边形的面积，然后使用现在称之为"外推法"的方法，得到了圆周率的近似值 3.14，纠正了前人"周三径一"的说法。"外推法"是现代近似计算技术的一个重要方法，刘徽的这个发现遥遥领先于西方。

刘徽的割圆术是求圆周率的正确方法，它奠定了中国圆周率计算长期在世界上领先的基础。祖冲之就是用刘徽的方法将圆周率的有效数字精确到小数点后 7 位的。

刘徽在数学上的贡献极多。在开方不尽的问题中他提出了"求徽数"的思想，这方法与后来求无理根的近似值的方法一致，它不仅是圆周率精确计算的必要条件，而且促进了十进小数的产生。

在线性方程组的解法中，刘徽创造了比直除法更简便的互乘相消法，不但与现在的解法基本上一致，并在中国数学史上第一次提出了"不定方程问题"。

在数学概念方面，他提出并定义了如幂（面积）、方程（线性方程组）、正负数等许多数学概念。

在证明方面，他提出了把许多公认正确的判断作为证明的前提，他的大多数推理、证明都合乎逻辑，十分严谨，从而把《九章算术》及他自己提出的解法、公式建立在必然性的基础之上。

在《海岛算经》一书中，刘徽精心选编了九个测量问题，这些题目的创造性、复杂性和代表性，都在当时为西方所瞩目。

虽然刘徽没有写出自成体系的著作，但他在《九章算术注》中所运用的数学知识实际上已经形成了一个独具特色，包括概念和判断，并以数学证明为其联系纽带的理论体系。

📚 数学万花筒

刘徽，山东邹平县人，魏晋期间伟大的数学家，中国古典数学理论的奠基者之一。刘徽是中国数学史上一个非常伟大的数学家，他所撰写的《九章算术注》和《海岛算经》是我国最宝贵的数学遗产，也奠定了他在中国数学史上的不朽地位。

刘徽思维敏捷，方法灵活，既提倡推理又主张直观。他是中国最早主张用逻辑推理的方式来论证数学命题的人。

刘徽的数学成就大致为两方面：一是清理中国古代数学体系并奠定了它的理论基础；二是在继承的基础上提出了自己的创见。

刘徽一生刻苦探求数学，他虽然地位低下，但人格高尚。他不是沽名钓誉的庸人，而是学而不厌的伟人，他不仅对中国古代数学发展产生了深远影响，而且在世界数学史上也具有崇高的历史地位。鉴于刘徽的巨大贡献，所以不少书上把他称作"中国数学史上的牛顿"。

相关阅读

《九章算术》是我国流传至今最古老的数学专著之一，它成书于西汉时期。这部书的完成经过了一段历史过程，书中所收集的各种数学问题，有些是秦以前流传的问题，长期以来经过多人删补、修订，最后由西汉时期的数学家整理完成，它汇集了不同时期数学家的劳动成果。

《九章算术》

《九章算术》源于周公时代的"九数"，它是西汉时张苍、耿寿昌在先秦遗文的基础上删补而成的，其中包括了大量西汉时补充的内容。张苍和耿寿昌都是数学名家，又身居高位，由他们主持修订先秦流传下来的《算术》是很自然的事情。根据刘徽的记载，他所注释的《九章算术》最后是由耿寿昌删定的。因此，我们认为耿寿昌删补《九章算术》

的年代可以定为这部书完成的年代。

《九章算术》不仅在中国数学史上占有重要地位，对世界数学的发展也有着重要的贡献。分数理论及其完整的算法，比例和比例分配算法，面积和体积算法，以及各类应用问题的解法，在书中的方田、粟米、衰分、商功、均输等章已有了相当详细的叙述。而少广、盈不足、方程、勾股等章中的开立方法、盈不足术（双假设法）、正负数概念、线性联立方程组解法、整数勾股弦的一般公式等内容都是世界数学史上的卓越成就。

第五节
秦九韶与《数书九章》

秦九韶，我国古代南宋官员、数学家，与李冶、杨辉、朱世杰并称为"宋元数学四大家"。

秦九韶生于普州安岳（今属四川），精研星象、音律、算术、诗词、弓剑、营造之学，历任琼州知府、司农丞，后遭贬，卒于梅州任所，著有《数书九章》，其中的大衍求一术、三斜求积术和秦九韶算法是具有世界意义的重要贡献。

秦九韶最为世人所称道的一项数学创造为大衍求一术。这是古代的说法，如果翻译成现代数学名词就是一次同余式组解法。这个又被称之为"中国剩余定理"的发明，在当时的世界数学界中，就是一个独一无二的存在，直到554年之后，欧洲著名的数学家高斯才发明了与之相似的同余理论。从这个角度讲，中国的秦九韶开启了这个课题的新纪元。

秦九韶

除了以上的这个创举，秦九韶在另外一个数学课题上也是傲立于世界之巅，无人可比，他所发明的正负开方术（现代数学中的任意高次方程的数值解法）早于 1819 年英国人霍纳创立同类解法整整 572 年。秦九韶这套方法的核心原则就在于以下的十六个字"商常为正，实常为负，从常为正，益常为负"，以统一和简单的算术方法将高次方程的解决推上了一个新的台阶。

秦九韶第三个站在世界前沿的数学发明是可以扩充到一般线性方程中的算筹之草式。而欧洲出现和他的发明比较类似的则到了 1559 年，由法国布丢所发明。而即便是这样，布丢的发明也并没有像所有后来的发明那样，更为完善和健全。相反，他还有一些细节上的差距，这也从一个侧面说明了秦九韶发明的超前性。

中国古代科学家进行纯理论研究的并不多，大多数人在进行理论研究的同时都会做一些很实用的事情，这可以说是中国科学界发展中的一个缺陷，也可以说是一种利国利民的好习惯。

说它是缺陷，是因为这让中国长期以来没有形成像西方文明一样的科学理论体系，越往后发展，越感到后继之力。说它是优点，则因为他们能够利用自我的创造为当时的民众带来很多的方便，比如说修桥、炼钢、放烟花等。

秦九韶作为古代科学家的一员，也具有这些特点。他不仅对建筑学上的筑土问题给出了很有远见的实用建议"坚三穿四壤五，粟率五十,墙法半之",还自己凑集资金,设计图纸,建造了很方便行人的"道古桥"。

纵观秦九韶的一生,他真的可以称之为中国古代最优秀的科学家之一。小时候,因为父亲工作的原因(当时,他的父亲管辖的部门中有太史局,其相当于我国现在的国家图书馆和国家档案馆),他吸收了各方面知识的营养,也逐渐找到了自己的兴趣爱好所在。后来不论是在担当一方官员的任上,还是在老家为母守孝的闲暇,他都把精力投入到了数学研究之中,他的著作《数书九章》就是在为母守孝期间完成的。也因此,秦九韶还得到了当时皇帝的专门接见,这种事情在中国古代是极为难得的,也可见秦九韶在数学上的造诣之深,影响之广。

数学是一个超越时空的存在,它不会随着岁月的变迁而光华不在,相反,时间越久远,越能显现出一项数学发明的价值。《数书九章》中很多理论和方法在现代教科书中依然存在,就足以说明秦九韶对世界数学发展所做出的卓越贡献。

集合论的创始人、德国大数学家康托尔赞扬秦九韶是"最幸运的天才",这也是欧洲名家对牛顿的赞扬词。

数学万花筒

由于各方面的原因,很多现代人对中国古代文明有一个错觉,认为古代中国是一个人文学科十分发达,而自然科学往往消失在人们视野之外的国家,因为从小到大,我们就从教科书中了解到中国有五千年的历史,有很多历史人物写了著名的文章诗词,而同时的自然科学教材上却全是一群外国人的名字。

其实,这是一个误区,中国的先人们也有很多的科学著作,也有很多有趣的科学研究，比如说下面这个《孙子算经》中提到的数学题目：

有物不知其数，三三数之剩二，五五数之剩三，七七数之剩二。问物几何？

这是一道很有趣的数学题，说的是满足以下条件的一个最小数字：除以 3 余 2，除以 5 余 3，除以 7 余 2。

后来，著名的数学家秦九韶也用比较有趣的表达，完美地解决了这个问题，他的答案是：人同行七十希，五树梅花廿一支，七子团圆正半月，除百零五便得知。

这种解法的大意是说：拿用 3 除所得余数乘上 70，加上用 5 除所得余数乘上 21，再加上用 7 除所得余数乘上 15，结果如果比 105 多，便减去 105 的倍数，所得到的就是所求的数。列成算式就是：

《孙子算经》

$$2 \times 70 + 3 \times 21 + 2 \times 15 - 2 \times 105 = 23$$

为什么要这样计算？原来，70 是 5 和 7 的公倍数，而且被 3 除余 1，所以 2×70 被 3 除就余 2，并且能被 5 和 7 整除；21 是 3 和 7 的公倍数，被 5 除余 1，所以 3 乘 21 被 5 除就余 3，且能被 3 和 7 整除；15 是 3 和 5 的公倍数，被 7 除余 1，所以 2 乘 15 被 7 除就余 2，且能被 3 和 5 整除。因此，$2 \times 70 + 3 \times 21 + 2 \times 15 = 233$，满足被 3 除余 2，被 5 除余 3，被 7 除余 2。而 $3 \times 5 \times 7 = 105$，即 105 是 3，5，7 的最小公倍数，从 233 中减去 105 的倍数，自然不会影响所求数被 3，5，7 除所得的余数。

格奥尔格·康托尔，德国数学家，集合论的创始人。

康托尔生于俄国圣彼得堡。父亲是犹太血统的丹麦商人，母亲出身艺术世家。1856 年全家迁居德国的法兰克福。先在一所中学，后在威斯巴登的一所大学预科学校学习。

康托尔爱好广泛，极有个性，终身信奉宗教。早期在数学方面的兴趣是数论，1870 年开始研究三角函数，并最终于 19 世纪末 20 世纪初建立了集合论和超穷数理论。除此之外，他还努力探讨在新理论创立过程中所涉及的数理哲学问题。

第六节
杨辉与杨辉三角

在中国古代浩如烟海的数学成就中，有一项特别值得注意，那就是三阶幻方乃至高阶幻方的构成规律被成功发现。这项发现的特别之处就在于这个问题早就存在，但东西方的科学家们却一直都没有找到解决的办法，直到南宋时期著名的数学家杨辉的横空出世，才让这个问题尘埃落定。

说起杨辉的这一成就，还得从一件偶然的小事说起。当时，杨辉是台州府的地方官，他坐轿出外巡游，半路上被一个在路中间算题的孩童拦住道路不能通过。杨辉一看来了兴趣，连忙下轿，走到了小孩身边。

杨辉摸着孩童的头说："为何不让本官从此经过？"

孩童答道："不是不让您经过，我是怕你们把我的算式踩掉，我又想不起来了。"

"什么算式？"

"就是把 1 到 9 九个数字分三行排列，不论竖着加、横着加还是斜着加，结果都是等于 15。我们先生说下午一定要把这道题做好。我正算到关键之处。"

杨辉连忙蹲下身，仔细地看孩童的算式，觉得这个算式在哪儿见过，但一时又想不出具体的出处。

不过当前最重要的任务是帮助孩子解题，于是他收敛心神，认真地和孩子一起演算解题。直到天已过午，两人才舒了一口气，他们又验算了一下，结果全是 15，这才站了起来。

杨辉想，反正现在时间也已经过去那么久了，不如到孩子的老师那儿去再讨论讨论数学问题。到了老师那儿并与他沟通之后，杨辉才想起来这个题目在西汉戴德编撰的《大戴礼》中有所提及，后来北周的甄鸾又在对《数术记遗》作注的过程中提出了具体的解法：九宫者，二四为肩，六八为足，左三右七，戴九履一，五居中央。这也是孩子老师出题的标准答案。

如果事情到此为止的话，那

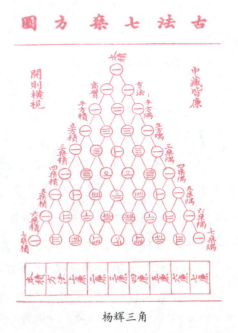

杨辉三角

也只能是我国众多民间故事中的一个小插曲，谈不上什么数学发现。但是求知欲很强的杨辉没有仅仅停留于知其然的阶段，他更想知道答案为什么是这个样子，很遗憾，那位老师不能给出他答案，所以杨辉就开始自己进行研究。

杨辉回到家中，反复琢磨。一天，他终于发现一条规律，并总结成四句话："九子斜排，上下对易，左右相更，四维挺出。"就是说：先把1～9九个数依次斜排，再把上1下9两数对调，左7右3两数对调，最后把四面的2，4，6，8向外面挺出，这样，三阶幻方就填好了。

后来，杨辉在弄明白九宫格的构成规律以后，又进一步地研究了更为复杂的幻方，从三阶一直到了十阶。虽然没有留下很完整的相关资料，但就其对高阶幻方的预测上来看，他已经准确地掌握了这些幻方的构成规律。杨辉也就成为世界上第一个对纵横图有深刻研究的数学大家，为后世之人留下了宝贵的精神财富。

数学万花筒

杨辉，字谦光，汉族，钱塘（今杭州）人，中国南宋时期杰出的数学家和数学教育家。

由现存文献可推知，杨辉担任过南宋地方行政官员，为政清廉，足迹遍及苏杭一带，他一生留下了大量的著作，署名的数学书共五种，二十一卷。他是世界上第一个排出丰富的纵横图和讨论其构成规律的数学家。与秦九韶、李冶、朱世杰并称为"宋元数学四大家"。

杨辉非常重视数学教育的普及和发展，在《算法通变本末》中，他为初学者制订的"习算纲目"是中国数学教育史上的重要文献。

相关阅读

在古代中国，人文学科的普及率相对来说要比自然学科高一些，因此，想要找到一本《诗经》《论语》非常容易，但要想找到《九章算术》《孙子算经》等数学名著，则要付出很大的一番功夫。

杨辉

当时，童年时期的杨辉也就面临着数学学习资料匮乏的困境，为了满足自己对数学越来越大的兴趣，他四处搜集数学算题，不断开拓视野，求得突破。

有一天，杨辉偶然了解到一个消息，在离自己家百里开外的地方，有一位精通算学，同时藏书也非常丰富的老秀才，这对杨辉来说，无疑具有很大的诱惑力。他马上赶到老秀才的居所，希望能够拜他为师，学习算学。

可不管杨辉怎样表忠心、决心，眼泪鼻涕肆意横流，老秀才就是不答应。他觉得这个少年没什么数学上的天赋，不配收入自家门下，于是就想以一句"小子不去读圣书，要学什么算学"来打发杨辉离开。

杨辉也不是省油的灯，他就是不离开，用各种各样的方法恳求老秀才教他算学。后来，老秀才不胜其烦，心生一计，既然普通的规劝不能让他离开，那就用数学题来考他，让其知难而退。

于是他给杨辉出了一道自己都还没怎么弄明白的题目：长方形面积等于864平方步，已知它的宽比长少12步，长和宽的和是多少步？他让杨辉回答，并且对杨辉说如果答上了就答应他的要求，答不上就赶快离开，以后别再来烦他。

老秀才的如意算盘落空了，杨辉根本没花什么时间，就用很简单的方法得出了正确答案：60 步。这一下老秀才可是对杨辉真的刮目相看了，立刻收起之前的不屑，收杨辉为徒，全心全意地指导他学习算学，这才有了后来成就卓然的大数学家杨辉。

第七节
数学史上的"骑士"——塔塔利亚

意大利著名数学家塔塔利亚经历了很多人都没有经历过的艰难学习环境，却取得了比很多人都要卓越的成就，既可以说是造物弄人，又可以说是天道酬勤。

塔塔利亚的童年非常不幸，父亲早早地就离开了人世，而母亲主要的收入来源就是给邻居洗衣服，这点钱维持母子二人的基本生活尚属不易，更谈不上送塔塔利亚去学校学习了。不幸中的万幸是塔塔利亚的母亲曾经接受过一些教育，她深知知识对于人生的重要性。于是这位伟大的母亲开始了自己当老师的历程。

教学的条件非常的艰苦，教室就是父亲的墓地，练习本则是墓碑，铅笔则是遍地的石子。妈妈用极大的耐心和热情帮助塔塔利亚学习语言和算术。懂事的塔塔利亚也没有让母亲失望，不久以后，他的知识水平就已经超过了自己的母亲。掌握基本的学习工具之后，塔塔利亚把自学的兴趣主要放在了数学上，并在这个领域如鱼得水，效果非常棒。在他 16 岁那年，长期自学数学给他找到了收入来源，塔塔利亚成了一名算术老师。

有稳定的收入来源之后，塔塔利亚将数学的专研不断提升到新的高度，他那不同于学术派的草根研究成果一次又一次地发表，逐渐在数学界留下了印记。不过此时的塔塔利亚还没有真正在数学界扬名，让他受到广泛关注的是一次"数学决斗"。

1535 年，塔塔利亚攻克了三次方程的解法，并向外界公布了这一消息。但是，这个消息让数学家弗里奥非常愤怒，因为他觉得解三次方程是他老师费尔洛的专利，而这项专利在费尔洛去世之后就只属于自己了。他对塔塔利亚能解三次方程持强烈的怀疑态度，于是向塔塔利亚下了"决斗"的战书，希望双方约定时间地点，两人互相给对方出 30 道三次方程，谁能最快最准地解出来，谁就是赢家。

接到这个挑战之后，塔塔利亚内心还是比较紧张的，因为他的三次方程解法也还不是尽善尽美，还有一些地方有改进的空间。不过，塔塔利亚很快就镇静下来了，闭门不出，苦苦思索。正如他自己所说的："我运用了自己的一切努力、勤勉和技巧，以便得到解这些方程的法则。结果很好，我在比赛规定期限的前十天，就是 2 月 12 日，就做到了这一点。"为此，他欣喜若狂，一面熟悉新方法，一面精心构造了 30 道只有运用新方法才能解出的问题。

比赛那天，塔塔利亚在不到 2 个小时的时间内，解决了对方的全部问题，而弗里奥则是望题兴叹，一筹莫展，最终以 6 : 30 败下阵来。

塔塔利亚深知，虽然他胜了弗里奥，但方法仍不完善，从此他更热心地研究三次方程。到 1539 年，他才真正得到了一元三次方程的解法。

塔塔利亚

塔塔利亚发现的一元三次方程的解法是：

$$x^3 + sx^2 + tx + u = 0$$

如果作一个横坐标平移 $y = x + \dfrac{s}{3}$，那么我们就可以把方程的二次项消去。所以我们只要考虑形如 $x^3 = px + q$ 的三次方程。

假设方程的解 x 可以写成 $x = a - b$ 的形式，这里 a 和 b 是待定的参数。代入方程：

$$a^3 - 3a^2b + 3ab^2 - b^3 = p(a - b) + q$$

整理得到：

$$a^3 - b^3 = (a - b)(p + 3ab) + q$$

由二次方程理论可知，一定可以适当选取 a 和 b，使得在 $x = a - b$ 的同时 $3ab + p = 0$。这样上式就成为：

$$a^3 - b^3 = q$$

两边各乘以 $27a^3$，就得到：

$$27a^6 - 27a^3b^3 = 27qa^3$$

由 $p = -3ab$ 可知：

$$27a^6 + p = 27qa^3$$

这是一个关于 a^3 的二次方程，所以可以解得 a，进而可解出 b 和根 x。

数学万花筒

为什么三次方程的解法叫作"卡尔达诺公式"（"卡丹公式"）？

当塔塔利亚研究出一元三次方程的解法后，他并不打算把自己的成果立即发表，而是准备写一部大代数学，把解法列入书中，同时醉心于完成《几何原本》的巨型译作。对众多求教者，他一概拒之门外。

那时，米兰一位驰名欧洲的医生卡尔达诺精心于数学，研究过三次方程问题，但一无所获。当听到塔塔利亚已得到三次方程的解法时，卡尔达诺希望能分享这一成果，于是就以勤奋、刻苦、真诚的假象，使塔塔利亚似乎见到了自己幼年的影子，从而破例被塔塔利亚收为学徒。后来，卡尔达诺再三恳求并庄严地起誓说，任何时候对任何人也不会公开由于老师的友爱而传授的这些法则和秘密。塔塔利亚深受感动，立刻口传秘法，让卡尔达诺遂了心愿。

卡尔达诺

但是，卡尔达诺并未遵守诺言。1545年，他用自己的名字发表了《大术》一书，书中介绍了三次方程的解法。从此，卡尔达诺名声大震，世人都以为这个方法是他发明的，为了纪念他，就把三次方程的求根公式称为"卡尔达诺公式"或"卡丹公式"了。

《大术》发表的第二年，塔塔利亚发表了《种种疑问及发明》一文，谴责卡尔达诺背信弃义，并要求在米兰市与卡尔达诺公开竞赛：双方各出考题，限期半个月交卷。参赛那天，出阵的是卡尔达诺的天才学生费尔拉里。塔塔利亚先以三次方程的迅速解法取得优势，而费尔拉里则指摘对方不能解四次方程，宣称自己胜利。

此后，塔塔利亚潜心于代数学的鸿篇巨著。除数学外，他对力学、弹道学、测量学和筑城学都很有研究，这位不善口才的天才数学家于1557年与世长辞，享年58岁。

相关阅读

塔塔利亚名字的由来

塔塔利亚出生于意大利的布里西亚城，原名丰塔纳。1512 年，法国军队越过阿尔卑斯山，占领了意大利北部，征服者无情地烧杀抢劫。

离米兰不远的布里西亚城也遭到了攻击，虽然人们英勇抵抗，结果还是被法国破城。不幸的居民们一起逃到大教堂避难，指望万能的主帮他们渡过这一难关。在这拥挤的人群中，有一个 10 多岁的小男孩，他就是丰塔纳，他同当邮差的父亲在一起。没想到，法国兵一拥而入，见人就砍，乱冲乱杀。后来，丰塔纳的母亲在她丈夫的尸体旁找到了这个奄奄一息的男孩。

丰塔纳的头盖骨被劈，腭部和舌头也被砍伤，经过他母亲的精心照料，伤口居然痊愈了。但是，舌头上的伤致使他的一生丧失了准确的说话能力，所以人们叫他"塔塔利亚"，意思是"发音不清楚的，结巴的"。久而久之，塔塔利亚就成了他的名字，真名反而没人记得了。

第八节
失明的数学家欧拉

在风光旖旎的瑞士，曾经诞生过一位享誉国际数学界的大师级人物，他就是欧拉。

说起欧拉这个名字，相信很多国人都或多或少有一些印象，因为以其名字命名的数学公式和理论实在是太多了，其中最著名的欧拉定理更是无人不知，无人不晓。这样一位伟大的数学家又有着怎样的传奇经历呢？

欧拉出生于瑞士一个十分虔诚的宗教家庭，父亲是一位甘愿为神学事业奋斗终生的乡村牧师，他不仅希望自己能为最伟大的主服务一辈子，也强烈地希望欧拉能够将这种理念延续下去。

欧拉非常尊重自己的父亲，不过他对数学的兴趣远远超过献身神学事业的决心。这一点在欧拉的童年生活中就有所体现，他会在聆听完父亲的神学教诲，完成相关的神学作业后，悄悄地拿出数学书籍，如饥似渴地进行学习和研究。

作为一个天赋极佳的孩子，欧拉在13岁的时候就考上了欧洲的著名学府巴塞尔大学。当然这个时候他还在父亲设定的人生轨道中亦步亦趋，欧拉上的是巴塞尔大学的神学院，而不是数学系。

不过命运终究不会把这个天才埋没在一个他不应该去的地方，上帝会提供各种各样的线索来校正天才们的人生航向。派给欧拉的引导者就是著名的数学家、物理学家约翰·伯努利。

当时，伯努利正好在巴塞尔大学执教，其讲课的方式和内容的含金量都非常高，因此吸引了大量外系的学生来他的讲座旁听课，对数学十分痴迷的欧拉就是其中之一。

起初，这个年龄太小的孩子并没有给这位大科学家留下什么印象，因为来听他课的人实在是太多了，其中的聪明人也非常多，有太多的人值得他关注。不过一次偶然的机会，让这位大教授发现了人堆中很不起眼的

欧拉

欧拉。

有一次，伯努利在讲课的过程中顺带提到了一道数学题，这道数学题在当时还没有人能够进行解答。说者无心，听者有意。后来他收到了来自欧拉的一份解答问卷，看了之后，伯努利十分震惊，因为欧拉解开了这个难题。虽然还不是尽善尽美，但也能称之为一次大的突破了，于是伯努利马上做出决定，要好好培养这个年轻人，开始了每周一次的一对一单独授课。

在学业上一帆风顺的时候，欧拉也开始面对一个非常棘手的问题，通过跟随伯努利的学习，他对数学的兴趣和数学研究的功力都已经到了一个新的台阶，而与此同时，执着的父亲明确表示希望欧拉放弃数学研究，一心一意地回到神学研究的道路上来，只有这样，才是这个家庭最好的归宿。

两难的境地让欧拉十分苦恼。此时，欧拉的人生引导者伯努利教授再次出马，为了让欧拉能够走上数学的道路，他亲自上门去劝说欧拉的父亲。他以最为真诚的态度对欧拉的父亲说："亲爱的神甫，您知道我遇到过不少才华横溢的青年，但是要和您的儿子相比，他们都相形见绌。假如我的眼力不错，他无疑是瑞士未来最了不起的数学家。为了数学，为了孩子，我请求您重新考虑您的决定。"

伯努利

就这样，固执的老父亲终于被这位大名人的真诚打动了，同意欧拉进行数学研究。此后，伯努利将欧拉招致麾下，共同进行数学研究。

1735 年，欧拉解决了一个天文学的难题（计算彗星的轨道）。这个问题经几个著名数学家几个月的努力才得到解决，而欧拉却用自己发明的方法三天便完成了。然而过度的工作使他得了眼病，不幸的是，欧拉的右眼失明了，这时他才 28 岁。

1771 年，彼得堡的大火灾殃及欧拉的住宅，虽然他被人救了出来，但他的书房和大量研究成果全部化为灰烬了。沉重的打击仍然没有使欧拉倒下，他发誓要把损失夺回来。欧拉完全失明以后，仍然以惊人的毅力与黑暗搏斗，凭着记忆和心算进行研究直到逝世，竟达 17 年之久。

数学万花筒

欧拉是瑞士数学家和物理学家，是近代数学先驱之一，在数论、几何学、天文数学、微积分等领域都取得了巨大成就。

欧拉的天分在于他用数学来分析天文学问题，特别是三体问题，即太阳、月亮和地球在相互引力作用下怎样运动的问题。

欧拉丰富的头脑常常为他人做出成名的发现开拓前进的道路。例如，法国数学家和物理学家约瑟夫·路易斯·拉格朗日创建一方程组，叫作拉格朗日方程。此方程在理论上非常重要，而且可以用来解决许多力学问题。但是由于基本方程是由欧拉首先提出的，因而通常称为欧拉—拉格朗日方程。一般认为另一名法国数学家让·巴普蒂斯·约瑟夫·傅立叶创造了一种重要的数学方法，叫作傅立叶分析法，其基本方程也是由欧拉最初创立的，因而叫作欧拉—傅立叶方程。这套方程在物理学的许多个同领域都有着广泛的应用，其中包括声学和电磁学。

在数学方面，欧拉在微分方程和无穷级数方面做出了重要的贡献，他对变分学和复数学的贡献为后来所取得的一切成就奠定了基础。这两个学科除了对纯数学有重要的意义外，还在科学工作中有着广泛的应用。欧拉公式 $e^{i\theta}=cos\theta + isin\theta$ 表明了三角函数和虚数之间的关系，可以用来求负数的对数，是所有数学领域中应用最广泛的公式之一。欧拉还编写了一本解析几何的教科书，对微分几何和普通几何做出了有意义的贡献。

欧拉不仅在做可应用于科学的数学发明上得心应手，而且在纯数学领域也具备几乎同样杰出的才能。但是他对数论做出的许多贡献非常深奥难懂，不宜在此叙述。欧拉也是数学的一个分支拓扑学领域的先驱，拓扑学在 20 世纪已经变得非常重要。

最后要提到的一点也很重要，欧拉对目前使用的数学符号制做出了重要的贡献。例如，常用的希腊字母 π 代表圆周率就是他提出来的。他还引出许多其他简便的符号，现在的数学中经常使用这些符号。

相关阅读

智改羊圈

由于欧拉小时候经常在学校里问一些奇怪的问题，神学老师认为这是对上帝的不尊敬，便通知小欧拉的父亲，将他领回家去。

小欧拉被学校打发回家后无事，他就帮助爸爸放羊。他一面放羊，一面读书。他读的书中，有不少数学书。

爸爸的羊群渐渐增多了，达到了 100 只。原来的羊圈有点小了，爸爸决定建造一个新的羊圈。他用尺量出了一块长方形的土地，长 40 米，宽 15 米，面积正好是 600 平方米，平均每一头羊占地 6 平方米。正打算动工的时候，他发现他的材料只够围 100 米的篱笆。若要围成长 40 米，宽 15 米的羊圈，其周长将是 110 米。父亲感到很为难，若要按原计划建造，就要再添 10 米长的材料；要是缩小面积，每头羊的面积就会小于 6 平方米。

小欧拉却对父亲说，他有办法。父亲不相信小欧拉会有办法，听了没有理他。小欧拉急了，大声说，只要稍稍移动一下羊圈的桩子就行了。

父亲听了直摇头，心想：世界上哪有这样便宜的事情？但是，小欧拉却坚持说，他一定能两全其美。父亲终于同意让儿子试试看。

小欧拉见父亲同意了，站起身来，跑到准备动工的羊圈旁。他以一个木桩为中心，将原来的 40 米边长截短，缩短到 25 米。然后跑到另一条边上，将原来 15 米的边长延长了 10 米，变成了 25 米。经这样一改，原来计划中的羊圈变成了一个 25 米边长的正方形。

父亲照着小欧拉设计的羊圈扎上了篱笆，100 米长的篱笆够了，面积也足够了，而且还稍稍大了一些。

第九节
数学王子——高斯

很多人都知道高斯 10 岁时智算从 1 加到 100 的事情。但你知道吗，除了这件事之外，正 17 边形也是高斯画出的，他只用了一个晚上的时间就解决了阿基米德和牛顿没有解决的问题！

1796 年的一天，在德国哥廷根大学读书的高斯吃完晚饭，开始做导师单独布置给他的每天例行的三道数学题。

　　前两道题在两个小时内顺利完成了，第三道题写在另外一张小纸条上：要求只用圆规和一把没有刻度的直尺，画出一个正 17 边形。这让高斯感到非常吃力。时间一分一秒地过去了，第三道题竟毫无进展。高斯绞尽脑汁，但他发现，自己学过的所有数学知识似乎对解开这道题都没有任何的帮助。

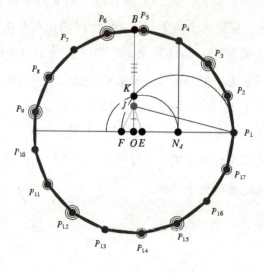

正 17 边形

　　困难并没有吓倒高斯，反而激起了他的斗志。高斯暗下决心一定要把它做出来！他拿起圆规和直尺，一边思索一边在纸上画着，尝试着用一些超出常规的思路去寻求答案。

　　当窗口露出曙光时，高斯长舒了一口气，他终于完成了这道难题。

　　见到导师时，高斯有些内疚和自责。他对导师说："您给我布置的第三道题，我竟然做了整整一个通宵，我辜负了您对我的栽培……"

　　导师接过高斯的作业一看，当即惊呆了。他用颤抖的声音对高斯说："这是你自己做出来的吗？"高斯有些疑惑地看着导师，回答道："是我做的。但是，我花了整整一个通宵。"

导师请高斯坐下，取出圆规和直尺，在书桌上铺开纸，让高斯当着自己的面再画出一个正17边形。

高斯很快画出了一个正17边形，导师激动地对高斯说："你知不知道，你解开了一件有2000多年历史的数学悬案！阿基米德没有解决，牛顿也没有解决，你竟然一个晚上就解出来了。你是一个真正的天才！"

原来，导师也一直想解开这道难题。那天，他是因为失误，才将写有这道题目的纸条交给了高斯。

这时高斯才19岁。

此后，每当高斯回忆起这一幕时，总是说："如果有人告诉我，这是一道有2000多年历史的数学难题，我可能永远也没有信心将它解出来。"

高斯也视此为生平得意之作，还交代要把正17边形刻在他的墓碑上，但后来他的墓碑上并没有刻上正17边形，而是17角星，因为负责刻碑的雕刻家认为，正17边形和圆太像了，大家一定分辨不出来。

数学万花筒

高斯不到20岁时，在数学方面就已取得了不小的成就。对于高斯接二连三的成功，邻居的几个小伙子很不服气，决心要为难他一下。

小伙子们聚到一起冥思苦想，终于想出了一道难题。他们用一根细棉线系上一块银币，然后再找来一个非常薄的玻璃瓶，把银币悬空垂放在瓶中，瓶口用瓶塞塞住，棉线的另一头也系在瓶塞上。

准备好以后，他们小心翼翼地捧着瓶子，在大街上拦住高斯，用

放大镜取火

挑衅的口吻说道："你一天到晚捧着书本，拿着放大镜东游西逛，一副很有学问的样子，你那么有本事，能不碰破瓶子，不去掉瓶塞，把瓶中的棉线弄断吗？"

面对他们的挑衅，高斯本不想理他们，可当他看了瓶子后，又觉得这道难题的确有些意思，于是认真地想解题的办法。

在小伙子为能难倒高斯而得意之时，大街上的围观者越来越多。大家对这个问题都很有兴趣，都在想着法子，但无济于事，除了摇头自嘲之外，只好把期待的目光投向高斯。但高斯眉头紧皱，一声不吭。小伙子们更得意了，有人甚至刁难道："怎么样，你智力有限吧，实在解不出，就把你得到的那么多荣誉证书拿到大街上当众烧掉，以后别再逞能了。"

高斯很气恼，但他仍克制自己，不受围观者嘈杂吵嚷的影响而冷静思考着。他无意地看了看明媚的阳光，又望了望那个瓶子，忽然高兴地叫道："有办法了。"说着，他从口袋里拿出一面放大镜，对着瓶子里的棉线照着，一分钟、两分钟……随着钱币"铛"的一声掉落瓶底，大家发现棉线被烧断了。

高斯高声说道："我是把太阳光聚焦，让这个热度很高的焦点穿过瓶子，照射在棉线上，使棉线烧断的。太阳光帮了我的忙。"

人们不由发出一阵欢呼声，那几个小伙子也佩服得连连赞叹。

相关阅读

高斯是德国数学家、物理学家、天文学家和大地测量学家。

高斯有"数学王子""数学家之王"的美称，被认为是人类有史以来"最伟大的四位数学家之一"（阿基米德、牛顿、高斯、欧拉）。人们还称赞高斯是"人类的骄傲"。天才、早熟、高产、创造力不衰⋯⋯人类智力领域的几乎所有褒奖之词，对于高斯都不过分。

高斯

高斯的数学研究几乎遍及所有领域，在数论、代数学、非欧几何、复变函数和微分几何等方面都做出了开创性的贡献。他还把数学应用于天文学、大地测量学和磁学的研究，发明了最小二乘法原理。

高斯开辟了许多新的数学领域，从最抽象的代数数论到内蕴几何学，他都留下了足迹；从研究风格、方法乃至所取得的具体成就方面，他都是 18 ～ 19 世纪的中坚人物。如果我们把 18 世纪的数学家想象为一系列的高山峻岭，那么最后一个令人肃然起敬的巅峰就是高斯；如果把 19 世纪的数学家想象为一条条江河，那么其源头就是高斯。

第十节
少年天才——华罗庚

"我要用健全的头脑，代替不健全的双腿！"这一句掷地有声的豪言壮语来自于享誉国际的著名数学家华罗庚。

我们都知道，如果一个人的研究成果能够以自己的名字命名，显然这将是一份非常珍贵的认可和荣誉。在华罗庚的名下，就有"华氏定理""怀依—华不等式""华氏不等式""普劳威尔—加当华定理""华氏算子""华—王方法"等一大批数学成就，其对世界数学发展所做出的贡献可见一斑。现在就让我们一起走进这位身残志坚的数学家的传奇人生。

相信大家很难想到，华罗庚并没有接受连续、正规、完整的学校教育，他在念完初中之后，就走入社会，以店员的职业谋生。当然，这不是由于他不想接受完整的学校教育，而是出生于江苏小商人家庭的经济环境不允许他接受更高层次的教育。

1928年，华罗庚所在的江苏金坛县爆发了疫情，他不小心染上了可怕的伤寒病，持续高烧使他昏迷不醒。在治疗的过程中，由于缺乏医学常识，没有经常性让肢体活动，保持活性，最终在伤寒病痊愈之后，他的左腿变形留下了残疾，走路的时候非常麻烦，必须先是一条腿跨出去划一个圆，然后另一条腿跟进走一小步。这样也就给华罗庚的生活带来了很大的不便，也就是在这段时间，华罗庚不断对自己说："我要用健全的头脑，代替不健全的双腿！"在这种坚强的意志和强烈的心理暗示下，华罗庚更加刻苦地自学数学。

19岁这一年，年轻的华罗庚以初生牛犊不怕虎的姿态指出了一个大学教授的论文错误，并且将自己的观点写成论文《苏家驹之代数的五次方程式解法不能成立之理由》发表在上海的《科学》杂志上。说华罗庚初生牛犊不怕虎主要指的是他不迷信权威的态度，但是在面对具体的问题时，他还是非常审慎，他的论文是建立在自己深厚的数学功底和扎实的推理研究之上的。因此，这篇论文引起了很多人的关注，其中就有把华罗庚引入更宽学术视野的清华大学数学系主任熊庆来。

华罗庚

熊庆来在看到华罗庚的论文之后，非常赏识，然后通过各种渠道和华罗庚建立了联系。1932 年，他帮助华罗庚当上了清华大学数学系的助理员。正式进入高等学府进行数学的专门学习和研究，这让华罗庚相当兴奋，之前由于环境原因受到压制的学习热情如火山一般爆发。短短一年半的时间里，华罗庚不仅将数学系的课程全部学完，更是在工作的间隙，自学了英、法、德文，为后来进入国际数学界打下了基础。

1936 年，26 岁的华罗庚被清华大学保送到英国剑桥大学进行进一步的学习。在剑桥大学两年的学习生涯中，他发表了十多篇引起国际数学界高度关注的学术论文，成为当时一颗闪耀的学术新星。

从英国归来之后，华罗庚进入西南联合大学任教。由于当时正值抗日战争爆发后的关键时期，整个国家民众的生活都陷入了巨大的困境之中，即便是大学教授也不得不接受很糟糕的生活条件，华罗庚也不例外。

两间条件简陋的阁楼，微薄的收入，一家七口的生活重担都压在了这位身有残疾的年轻数学家身上。但是即便在如此困顿不堪的情况下，华罗庚还是依靠坚强的信念和扎实的研究写出了数学名著《堆垒素数论》，这一部作品在整个 20 世纪的数论研究著作中都能被称之为精品。

抗战胜利之后的第二年，华罗庚远赴美国进行数学研究，担任了普林斯顿大学数学研究所的研究员，同时还是多所知名大学的教授。同时，华罗庚的收入也得到了大幅度的提升，不仅有 20000 美元的年薪，还有敞亮的居所和汽车。这些待遇如果放在国内，那将是一个天文数字。

不过，有浓厚家国情怀的华罗庚还是时刻挂念着那个苦难深重、经济落后的祖国。他常说这样一句话来表明自己的心迹"梁园虽好，终非久居之乡"，他一直在寻找一个合适的时机回到祖国的怀抱。

这一天并没有让他等多久。1949 年，中华人民共和国成立。华罗庚在第二年就回到了这个刚刚结束战火，一切都需要从头再来的国度。

1950 年，华罗庚执教于清华大学数学系；1951 年，他被任命为中国科学院数学研究所所长。在祖国，华罗庚开始了数学研究的真正黄金时期。他白天挂着拐杖到学校讲课，晚上在灯下常常研究到深夜。为了求证一个问题，他时常深夜从床上爬起，拿起床头的报纸，在四周空白处进行演算、论证。桌上、床上、地上，到处堆满了演算纸。

1956 年，华罗庚的专著《典型域上的多元复变函数论》荣获国家自然科学奖一等奖。随后，他的《数论导引》问世，这部倾注了他多年心血的巨著，引起了国内外数学界的强烈震动。另外，他和学生万哲先合著的《典型群》一书，在国内外引起更大的反响。

华罗庚不仅是一个在学术上做出重大贡献的科学家，在为国家解决一些比较实际的问题时也发挥了非常大的能量。他通过自己的数学研究，总结出两套促进生产效率提高的科学方法，并在全国多个地区和行业大力推广，获得了相当不错的效果。华罗庚的所作所为真正地诠释了人民科学家的真谛，无愧于国家，无愧于人民。

华罗庚先生最终也是把人生的终结点放在了自己为之奋斗一生的数学事业上。1985 年，华罗庚在一次学术报告的现场，心脏病突发离世。从这个角度讲，华罗庚就是一位战士，一位生命不息，战斗不止的数学战士。

数学万花筒

华罗庚卓越成就的取得，绝对不是天分的眷顾，而是对数学超乎常人的痴迷和热爱。华罗庚因为家庭经济的原因，只能是中途辍学，回到自家那个叫"乾生泰"的小杂货铺干点活，记记账。他也就利用空闲时间拼命地自学数学，因为这个，还闹出了不少的笑话。

据华罗庚的姐姐华莲青回忆，当时他那个贪学的弟弟在寒冬认真看书时，冻得是鼻涕长流，但华罗庚并不在乎这些，用手把鼻涕朝旁边那么轻轻地一抹，便继续投入到数学的自学当中。而且平时由于太过痴迷于数学计算，他往往会忘了自己该收的钱，而将一些计算结果当成了应付或者应收的账款，让很多来店里买东西的人感到一头雾水。久而久之，华罗庚在街坊邻居口中有了一个全新的称谓——罗呆子。

因为这些事情，华罗庚没少挨父亲的责骂，但他一直没有放弃对数学的热忱，最终登上了这个领域的世界之巅。

相关阅读

　　科学的灵感，绝不是坐等可以等来的。如果说，科学上的发现有什么偶然的机遇的话，那么这种"偶然的机遇"只能给那些学有素养的人，给那些善于独立思考的人，给那些具有锲而不舍的精神的人，而不会给懒汉。

——华罗庚

第五章

数学的运用

主题引言

数学是一门自然学科，也是一门应用学科，是人们生活劳动必不可少的工具。数学知识来源于生活，又服务于实践，与实际生活密不可分。

我们的生活中充满着数学，不仅因为数学能够帮助人们解决很多实际问题，如处理数据、计算、推理和证明；同时，数学模型的建立，也可以有效地描述自然现象和社会现象，还能为其他学科提供语言和思想方法。

数学在生活中究竟有哪些体现呢？接下来我们就跟随下面的内容，一起来看看古往今来那些在生活中运用的数学知识吧。

第一节
对联中的数学

　　对联是中华文化大观园中一朵亮丽的花朵，它涉及的题材范围相当宽广，如风雨雷电、春华秋实、历史掌故、人文传奇等，无所不包。通过仔细观察，我们会发现，很多有趣的对联和数学有着密切的联系。这些和数学结下不解之缘的对联，往往因为别具一格而广为流传。下面我们就一起来领略这些特别的对联的风采。

　　（一）

　　花甲重开，外加三七岁月

　　古稀双庆，内多一个春秋

　　（二）

　　二万里江山，伊古以来，未闻一朝一统二万里

　　五十年圣寿，自今以往，尚有九千九百五十年

　　（三）

　　八十君王，处处十八公道旁介寿

　　九重天子，年年重九节塞上称觞

　　这三副对联是清朝有名的君主乾隆皇帝和臣子纪晓岚的作品，从三副对联表达的意思来看，其实都是很普通的，无非就是通过对联的形式表达自己的祝福之意罢了，很难做出亮点。但如果把数学知识巧妙地融进去的话，就会显得精彩许多。

纪晓岚

　　首先来看第一副对联，其表达的意思很简单——就是说一个人很

长寿，活了 141 岁。上联的算式：$2×60＋3×7＝141$，下联的算式：$2×70＋1＝141$。如果只是简单地祝福对方高寿，那么接受这个祝福的人会觉得没什么意思。这就好像你到外地去旅游，回来之后亲朋好友问你旅游地的风景怎么样，如果你只是简单地说一句"风景很美"，听的人会对你所去的旅游地的景色没有任何具体的印象。

但是乾隆和纪晓岚的这副对联却把一件很简单的事情变成了一个很有趣的数学游戏："花甲"和"古稀"都是中国传统文化中的年龄概念，分别指 60 岁和 70 岁；重开和双庆可以理解为翻两倍；"三七岁月"指的是 21 年，通过这些数学知识的组合，一个人活了 141 岁这件事情也就有了更多的文化韵味和美学意义。

第二副对联是纪晓岚为祝贺乾隆皇帝五十寿诞而作的。这里"二万里""五十年"在上下联中均首尾呼应，下联中的"五十年"加"九千九百五十年"，恰好万年，合万岁万寿之意，精妙至极。

第三副对联也是为祝贺乾隆皇帝寿诞而作的。乾隆皇帝是中国历史上的六个高龄皇帝之一，乾隆五十五年是他的八十大寿。为庆祝这个隆重的日子，乾隆皇帝在九月九日重阳节大宴群臣，地点位于承德避暑山庄北面的万松岭。

席上，乾隆皇帝出了上联，这个上联构思巧妙，"十八公"即拆开了的"松"字，好像松树亦通人意，排列两旁为天子祝寿，而且八十与十八是颠倒关系，使下联的难度陡增。满朝大臣谁也对不出下联来，重担又落在纪晓岚的头上。他略加思索，便续出了下联。下联中的"九重"与"重九"恰恰也是颠倒关系。乾隆皇帝看了大喜，吟诵再三，十分欢喜，降旨给予纪晓岚奖励。此联为寿联中的上乘之作，一直传于后世。

像上面所说对联一样，通过数学知识的运用将原本平淡无味的事情变得趣味盎然的例子还有很多。

四面荷花三面柳，一城山色半城湖

这是济南大明湖畔的千古名联，短短 14 个字就将大明湖绝美的风光展现在各地游客的眼前。

一蓑一笠一髯翁，一丈长竿一寸钩

一山一水一明月，一人独钓一海秋

这是形容青岛崂山钓鱼台的名联，通过几个"一"将原本几乎没什么特点的地方赋予了超然物外的高雅情操。

千山千水千秀才，一泰一岱一圣人

这副对联出于清代山东人潘官，当时他在江南任知县，在一次宴会上，当地的几个秀才想要测试一下他的才华，于是说出上联。不料潘官出语不凡，很快对出了下联，且以"一"对"千"，大有以少胜多之感。

除了这些化平淡为神奇的情况之外，还有一些巧妙运用数字的对联则表达了对人生的深刻感悟。

百年三万日，一别几千秋

万行流别泪，九折切惊魂

这是唐朝骆宾王感叹世间别离之苦的名联，将本来不可言说的深沉情感转化为直接而具象的世间万物。

海纳百川有容乃大，壁立千仞无欲则刚

此对联是清代名臣林则徐抒发自身感怀的作品，选取的类比对象虽然都很平实，但"百"和"千"这两个数字的介入一下子就提高了整体效果。

一粥一饭，当思来之不易

半丝半缕，恒念物力维艰

清代朱柏庐只用"一"和"半"这两个概念，让勤俭节约这种美德得到很好的体现。

当然，也有一些对联并没有什么特定的目标，不想传递什么信息，也不为表达什么深刻的道理，只是为了让一副对联在形式上显得非常精巧而已。如：

（一）

独岭孤山，一神像单枪匹马

夹江两岸，二渔翁对钓双钩

（二）

万瓦千砖，百匠造成十佛寺

一舟二橹，三人摇过四仙桥

（三）

三强韩赵魏，九章勾股弦

这三副对联中最能体现这一特点的就是第三副。当时我国一些科学家到苏联考察，考察团员中包括钱三强和赵九章两位著名科学家，于是华罗庚就用他们的名字作了这么一副颇为精巧的对联。

总之，数字在我国的对联文化中虽然不能说占据重要地位，但给对联的发展带来了一抹十分亮丽的颜色。

数学万花筒

其实，数学在对联中的表现并不仅仅局限于数字的运用，还有许多其他的数学元素都能在对联中一展风采。如下面这一批别有趣味的对联：

（一）

解括弧，加因子，求得结果

过中点，作垂线，直达圆心

（二）

移项，通过，因式分解求零点

画轴，排序，穿针引线得结果

（三）

小圆大圆天下圆，圆圆有心

直线曲线螺旋线，线线独特

（四）

平行线，相交线，线线共面

垂直面，斜交面，面面共线

这些对联中既有数学的一些运算过程和运算方法，又有一些数学图形的名称，将它们进行巧妙组合之后，产生了意想不到的文学效果。

相关阅读

回文诗是一种按一定法则将字词排列成文，回环往复却能读的诗。这种诗形式变化无穷，十分活泼，上下颠倒读，顺读，倒读，斜读，循着一定的数学规律去读，都是一首优美的诗篇。

苏轼的《题金山寺》就是一首回文诗：

苏轼

潮随暗浪雪山倾，远浦渔舟钓月明。

桥对寺门松径小，巷当泉眼石波清。

迢迢远树江天晓，蔼蔼红霞晚日晴。

遥望四山云接水，碧峰千点数鸥轻。

把这首七绝由后向前读，就有了与原诗意境相同的另一首优美的七绝：

轻鸥数点千峰碧，水接云山四望遥。

晴日晚霞红蔼蔼，晓天江树远迢迢。

清波石眼泉当巷，小径松门寺对桥。

明月钓舟渔浦远，倾山雪浪暗随潮。

不管是顺读还是倒读，都能感受到一种特别的意境，感受到诗歌的优美，苏东坡独具匠心的文学造诣可见一斑。

第二节
八卦中的数学

在中华文明漫长而庞大的发展谱系上，有一种东西不得不提，这个东西蕴含的数学信息十分丰富，它就是以八卦为主要表现形式的周易文化。

易经文化的历史非常悠久，虽然《易经》的作者一直是个很大的谜团，但我们完全有理由相信这是一部凝结了我国古代人民科学智慧的扛鼎之作，其意蕴之深厚，足以称之为中国古代科学思想的百科全书。哲学、文学、艺术、数学……它无所不包，其中的数学思想是最直接，也是最具有开拓性的一个组成部分。

八卦图

具体来说，《易经》在数学上的贡献主要体现在以下的几个方面，它开启了讨论数列的先河，这个先河不仅仅是在中国范围内，在全世界都得到了一致认同。这一点也和周易的核心思想有着至关重要的联系，众所周知，"易"在中文中的一个重要意义就是变化，而周易文化的核心就是通过辩证地探讨世间的种种变化来达到特定的某一个目标。要对这些变化进行推演，就必须借助特定的工具，所以古代先民们创造性地发明了八卦这个工具，八卦就是排列组合的一个具体呈现。下面我们就来详细地谈一谈八卦是如何与排列组合形成默契配合的。

八卦也称"经卦"。《易经》中的八种基本图形，用"—"和"– –"，每卦由三爻组成；以"—"为阳，以"– –"为阴。八卦分别是乾（☰）、坤（☷）、震（☳）、巽（☴）、坎（☵）、离（☲）、艮（☶）、兑（☱）。《易经》六十四卦皆由八卦两两相重组成。如果我们把阳爻看成是表示"＋"的符号，把阴爻看成是表示"－"的符号，同时将每一卦相中的三个组成部分分别设为 x，y，z，那么就会形成诸如"－x，－y，－z""＋x，＋y，＋z"等多种组合，而如果以现在的数学思想来看，它就是一个完整的象限模型，从事实上来讲，现在数学教科书上的象限概念就是从周易文化中借鉴过来的。

当然，周易文化给数学带来的贡献不仅仅是这些具体现象上的，还有数学思想上的一些重大洞见，比如对变化的认识和推导，只不过由于受到时代环境的影响，当时的人们没有将这些本来有重大意义的东西进行深化和系统化，所以在现代的数学谱系中不能占据一席之地，这不得不说是一种遗憾。

不过，我们也没必要对此耿耿于怀，周易文化对整个中华文明的发展所做的贡献是有目共睹的，其中数学部分的思想也对后世之人的探索打下了牢固的基础，就连二进制的数学思想都可以和八卦图紧密联系在一起。相信在不久的将来，这个巨大的智慧宝库还会为当代人的数学研究提供更多的支持和启发。

数学万花筒

"1 与 0，一切数字的神奇渊源。这是造物的秘密美妙的典范，因为，一切无非都来自上帝。"这句话是德国著名数学家莱布尼茨留下的，他用自己天才般的科学思维为世人展现了一个神奇的数字世界。

让人惊诧的是，这般神奇的存在，莱布尼茨却仅仅用了几页文字来描述。是的，重大的科学发明往往并不是人们想象中的那样，需要用大部头来事无巨细地描述，其实，事情并没有那么复杂，保存在德国图灵根郭塔王宫图书馆的手稿正好说明了这一点。

莱布尼茨对二进制所做出的重要贡献世人皆知，大家不甚了解的是他还将这个重要的科学发明和当时的宗教内容连接起来，赋予了它们全新的内涵和存在价值。他认为，上帝用七天（也就是一周）的时间来创造世间万物具有十分深刻的意义。

具体而言，在第一天，万物伊始，所以出现的数字是"1"，也就是说这个数字代表了上帝的存在，第二天则是用二进制组成的"2"，就这样，一直到了第七天，世界变成了一个真正完美的世界，而"7"这个数字在二进制的世界中具有十分特殊的含义，因为它的表示方法是"111"，这是一组绝妙的数字，其中不包含有"0"的存在，是三个"1"的完美衔接，这又与宗教里三位一体的思想不谋而合。

就这样，莱布尼茨用二进制这个创造性的发明解释了宗教中的一些思想和现象。这样的解释是否科学，我们暂且不论，但莱布尼茨天才般的创造力，我们却不得不给予崇高的敬意，因为二进制的出现对整个世界的影响实在是太大了。

相关阅读

对生活在地球上的人而言，知道周遭的空间呈现出一种什么样的状态至关重要，要解决这个问题，就会涉及一个很重要的概念——空间维度。

就我们的实际感受而言，日常生活中最常接触的维度莫过于二维和三维空间。二维空间主要指的是一些经常遇到的平面图形，包括海报上的图像和几何中的非立体图形，如果大家对平面设计这个专业有更多了解的话，就能更清晰地认识到二维空间的特性，简单来讲，它是由两个空间坐标来确定相关要素的。

三维空间就更好理解了，我们所感知到的一切立体物件，包括一片树叶、一滴水、一本书、一座大楼、一块大地等，都是三维空间。三维空间由三个坐标来确定其所占有的空间，其最重要的一个特点就是占有一定的现实空间，也就是说，它的存在会形成挤压效应，如果一个物体所占的空间增加了，就意味着另一个物体所占

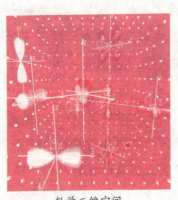

数学三维空间

的空间减少了。

当然，除了这些生活中经常遇到的二维和三维空间，世界上同时还存在着一些很难感知和理解的一维和多维空间。

具体而言，一维空间指的是类似于直线的存在。它仅仅是空间中的一点，可以在此处，也可以在彼处，这一点如果从时间概念上入手，也许就更容易理解一些了。时间概念是人类社会中最具哲学意味的概念之一，从本质上讲，只有过去、现在、未来三种状态，而每一种状态都可以看作一条直线，三者合而为一的时候也是如此，这样一来，就形成了一个十分特殊的一维空间，从这个角度来了解时间的话，会发现它比我们通常认识的要有趣得多。

要理解多维空间就更加不容易了，因为我们几乎很难在日常生活中找到相关的例子，它基本上只存在于科学家的复杂的科学模型和运算之中，其中会涉及更多的变量和更为复杂的一些概念和计算，不经过专门的训练，普通人很难理解相关的运作，而一旦理解了多维空间，又会发现现实生活变得更加有趣了，那将是一个超出原有想象的全新世界。

第三节
音乐中的数学

众所周知，音乐是人的情感和体悟的直接表现，是一种十分抽象和感性的存在，而数学是一个十分注重逻辑和理性的存在，它十分注重论证的严密性和真实性。总之，前者是人文学科，后者是自然科学，两者之间并无很多联系。但是，越来越多的证据和研究表明，音乐和数学并不是没有交叉点的"陌路人"，它们的关系远远超出了我们的想象。

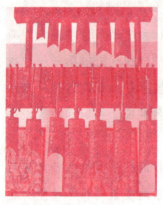

古代编钟

在具体论述数学和音乐之间产生联系的原因之前，大家先来看几个特殊的现象：

现象一：演奏大多数的弹拨乐器时，都必须靠弹拨的力量来不断地改变琴弦的长度，以达到发出高低起伏的曲调的目的，如果仅仅是这样，任何人都可以做到，但音乐并不等于发出声音，其终极目标是发出悦耳的声音，而据科学家的研究证实，悦耳的声音总是和一些特殊的比例关系有关，当三根琴弦同时发音的时候，如果将其长度比例控制在 3 : 4 : 6，出来的声音是最为完美的，因此，3，4，6 这些数字也就获得了"音乐数"的称谓。

现象二：对音乐有所了解的人应该知道，八度音程是一个很基本的音乐元素，如果想要很直观地了解它，可以找来一台钢琴，将两个相邻的 C 键之间的部分依次按一下就清楚了，因为这一部分就代表着八度音程。如果仔细观察就会发现，这一部分的按键配置十分有趣，包括 5 个黑键和 8 个白键，而 5 个黑键又分成了 2 个和 3 个不同的组别，最后，这一区域由小到大的数字组合是 2，3，5，8，13，这些数字组合恰巧是著名的斐波那契数列的前几位。

现象三：早在春秋战国时期，我国著名的思想家孔子就在自己的教育主张中提到，六艺应包括"礼、乐、射、御、书、数"六种，从中可以看出，他是将音乐和数学放在同一个层面上进行考量的。

现象四: 1952年12月, 一篇名叫《论义勇军进行曲的数列结构》的论文在武汉发表, 这篇整个以数学而非音乐为基础的研究论文, 引起了当时音乐界的极大关注。

以上的四个现象从不同角度印证了音乐和数学之间存在的紧密联系, 科学家和音乐家们也正是从这些现象出发,

塞纳基斯

一步一步地挖掘着两者之间的奥秘, 并不断获得突破。

数学家约翰·傅立叶在19世纪就已经得出了一个相当让人震惊同时也很有说服力的一个结论——数学式可以用来表达一切音乐之声, 而且约翰·傅立叶还总结出表达数学式的基本构成, 即简单的周期函数之和。

当然, 音乐家也没有停止在这方面的探索。1962年, 法籍希腊裔作曲家塞纳基斯发布了一份十分有特点的曲谱——《$S + /10 - 1.080262$》。这组曲子是为十件乐器所作的, 其显著特点就是以数学运算为作曲的基础, 将运算过程和作曲过程有机结合在一起。塞纳基斯把这种特殊的作曲方法称之为"算法音乐"。

之后, 马卡黑尔又在前人"图表音乐"的基础上发明了"几何音乐"。在此类开拓创新的过程中, 以下的名字大家也不应该忘记, 他们是: 巴托克, 勋伯格, 凯奇。

其实, 数学和音乐的联系和结合体现在一部作品的方方面面, 每一个音符的长短, 所有音乐要素的组合比例, 虽然都是作曲家下意识的情感产物, 但又构成了结构严谨、逻辑清晰的数学世界, 这是一件多么奇妙的事情啊!

数学万花筒

3:4:6，前文曾经提到过这个神奇的比例，它让琴弦的声音组合变得完美，因这三个数字而有了"音乐数"的称谓，它对我们更好地认识音乐、利用音乐有极大的帮助。

这些帮助其实都应该感谢一个人，他就是最早发现"音乐数"的毕达哥拉斯。

其实这个发现很具有偶然性，一天，毕达哥拉斯无意间被一家铁匠铺里传出来的声音吸引住了，铁匠打铁的声音时高时低，此起彼伏，非常有趣。毕达哥拉斯听了一会儿后突发奇想，最完美的声音是不是与发声体的体积和节奏有密切的关系呢？

在这个想法的刺激下，毕达哥拉斯回到家中开始验证自己的假设，通过多次弹奏，他发现了"音乐数"的奥秘，不仅如此，毕达哥拉斯还发现了一系列琴弦组合发声的规律，比如 1:2 产生八度，2:3 产生五度，3:4 产生四度等。随后，毕达哥拉斯又发现弦的每一和谐组合都可以表示成整数比，按整数比增加弦的长度，能产生整个音阶。例如，从产生音符 C 的弦开始，C 的 $\frac{16}{15}$ 长度给出 B，C 的 $\frac{6}{5}$ 长度给出 A，C 的 $\frac{4}{3}$ 长度给出 G，C 的 $\frac{3}{2}$ 长度给出 F，C 的 $\frac{8}{5}$ 长度给出 E，C 的 $\frac{16}{9}$ 长度给出 D，C 的 $\frac{2}{1}$ 长度给出低音 C。

毕达哥拉斯对自己的这些发现惊讶不已，他进而得出了一些对音乐的独特看法，他认为：音乐的所有表达都透露出一种伟大，因为这些表达方式十分简单和直接，它们能够直达人心，给予人心最大的刺激。毕达哥拉斯还根据自己对音乐与数学之间关系的独特认识，认为宇宙中的所有星球本身都是一件巨大乐器的组成部分，它们也按照一定比例关系尽情地弹奏完美的音乐，只不过这种天籁之声已经远远超出了人类的接受范围，不能听到罢了！

相关阅读

　　许多名人都对数学与音乐之间的关系感到惊奇，这些关系用不同的表述方式传达同一个关键论点——音乐和数学，永远是一家。

　　英国数学家 J.J. 西尔威斯特说："难道不可以把音乐描述为感觉的数学，把数学描述为理智的音乐吗？"

　　现代物理学家的奠基人、相对论的创立者爱因斯坦说："我们这个世界可以由音乐的音符组成，也可以由数学公式组成。"

　　德国著名哲学家、数学家莱布尼茨说："音乐，就它的基础来说，是数学的；就它的出现来说，是直觉的。"

第四节
生活中的黄金分割数

　　所谓黄金分割点，最准确的取样方法应该是：把一条线段分割为两部分，使其中一部分与全长之比等于另一部分与这部分之比，即 $x:1 = (1-x):x$，其比值是一个无理数，用分数表示为 $\frac{\sqrt{5}-1}{2}$，取其前三位数字的近似值是 0.618。

　　0.618，这是一个有着神秘意义的数字，无数事物因为有了它的存在，而脱离掉旧有的低层次，向完美跨出了重要的一大步。下面就让我们一起进入黄金分割数的世界，体验那无所不在的神奇。

　　据意大利著名画家达·芬奇的研究，几乎每个人的身体都存在着

《蒙娜丽莎》中的黄金分割线

四个关键的黄金分割点，它们分别是肚脐在整个身体中的位置、咽喉在肚脐到头顶部分的位置、膝盖在肚脐到脚底之间的位置、肘关节在肩关节到手指尖之间的位置。这四个对人体至关重要的地方都惊人地处于0.618的黄金位置，也正是因为这样，人这种动物才能在恶劣的生存环境中灵活地应对，发现生存的先机。

黄金分割给人带来很好的视觉效果，比如模特、舞蹈演员等，她们的身材比例的比值也趋近于0.618，越是接近，就越容易让更多的人获得美的视觉享受。

黄金分割在植物身上也有比较明显的体现，树叶的宽长之比，从树顶往下俯瞰观察到的树叶排列情况，都是近似于黄金分割的。

不仅人体本身具有黄金分割的特点，人类所发明创造的种种物品之中也蕴含着0.618这个极为神秘的比值。这方面的例子很多，大家先来看看埃及的金字塔吧。

众所周知，埃及金字塔被誉为人类文明史上的一大奇迹，直到现在，还有许多谜团没有解开。其中之一就是金字塔的边长和高度之间的比例问题。沙漠中分布着大大小小、数量众多的金字塔，而它们的比例关系却保持了惊人的一致——0.618。

古希腊文明中也不乏黄金分割的代表作，如帕特农神庙垂直线和水平线之间比例关系为0.618。当然，作为四大文明古国之一的中国也不会缺席这次奇妙的聚会，秦始皇陵的兵马俑、古老的五弦古琴，它们都以自己的方式展现着黄金分割的神奇。

黄金分割率的设计还会带来很多很直接的好处，一个典型的例子就是其在军事武器上的运用。

在冷兵器时代，人们最早并不清楚好武器的比例关系，随着一次次的摸索和实战检验，最终人们明白，不管是刀枪剑戟中的哪一种，0.618都是一个绝妙的比值。

到了热兵器出现的时代，黄金分割率再一次展现出其独特的魅力。早期的枪械也存在早期冷兵器一样的问题，这些枪在设计上不合理，这大大影响了射击的精度。后来，一位叫阿尔文·约克的人为了改变糟糕的现状，自己进行了枪械的改造，他将枪把和枪身的比例调整到了 0.618 这个节点，最终取得了很好的效果。

黄金分割从 2500 年前被毕达哥拉斯发现到现在为止，几乎没有人能对它的神奇做出合理的解释，大家只知道这样做效果很好，按照这样的比例生长会很漂亮。

不过，这并不影响黄金分割在人们生活中的运用，如在出版印刷领域，工人们会自觉地向"黄金长方形"靠拢，这个长方形的显著特点就是长宽比值近似于 0.618，8 开、16 开、32 开、64 开莫不如此。

现在，人们还将黄金分割率上升到了方法论的高度，比如说在进行科学实验的过程中，科学家们为了少走弯路，会采用黄金分割法（也就是人们经常提到的优选法）来节省大量资源。

0.618 带给世界的贡献还有很多，其中的秘密同样也还有很多，这两个"很多"之间的鸿沟需要一辈又一辈的人去探索和填平，希望这一天早一点到来。

📚 数学万花筒

关于人体美的规律的最伟大的发现，是关于"黄金分割定律"的发现。据研究，就人体结构的整体而言，每个部位的分割无一不是遵循黄金分割定律的。比如肚脐，这是身体上下部位的黄金分割点：肚脐以上的身体长度与肚脐以下的比例是 0.618：1。

人体的局部也有 3 个黄金分割点：一是喉结，它所分割的咽喉至头顶与咽喉至肚脐的距离比为 0.618：1；二是肘关节，它到肩关节与它到中指尖之比是 0.618：1；此外，手的中指长度与手掌长度之比，手掌的宽度与手掌的长度之比，也是 0.618：1。牙齿的冠长与冠宽的比值也与黄金分割的比值十分接近。

因此，有人提出，如果人体符合以上比值，就算得上一个标准的美男子或美女。造型艺术按照黄金分割定律来安排各个部位，确实能给人以和谐的美感。

更为有趣的是，人们发现，按照黄金分割定律来安排作息时间，即每天活动 15 小时，睡眠 9 小时是最科学的生活方式。9 小时的睡眠既有利于机体细胞、组织、器官的活动，又有利于机体各系统的协调，从而有利于机体的新陈代谢，恢复体力和精力。而这样的时间比例（15：24 或 9：15）大约是 0.618：1。

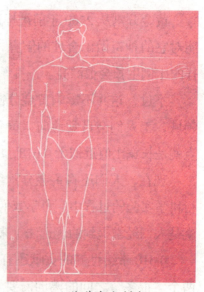

人体黄金分割点

相关阅读

达·芬奇，意大利文艺复兴时期的绘画三杰之一，也是整个欧洲文艺复兴时期最完美的代表。他是一位思想深邃、学识渊博、多才多艺的画家、寓言家、雕塑家、发明家、哲学家、音乐家、医学家、生物学家、地理学家、建筑工程师和军事工程师。

达·芬奇是一位天才，他一面热心于艺术创作和理论研究，研究如何用线条与立体造型去表现形体的各种问题；

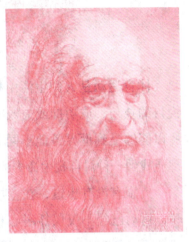

达·芬奇

另一方面他同时研究自然科学，为了真实感人的艺术形象，他广泛地研究与绘画有关的光学、数学、地质学、生物学等多种学科。他的艺术实践和科学探索精神对后代产生了重大而深远的影响。

达·芬奇最大的成就是绘画，他的杰作《蒙娜丽莎》和《最后的晚餐》，体现了他精湛的艺术造诣。他还擅长雕刻、音乐，通晓数学、生理、物理、天文、地质等科，既多才多艺，又勤奋多产，保存下来的手稿大约有6000页。

达·芬奇认为自然中最美的研究对象是人体，人体是大自然的奇妙作品，画家应以人为绘画对象的核心。世界上什么东西最难画？那就是人。达·芬奇却是人类历史上唯一一位人物肖像画作和照相机拍的照片几乎一样的画家。

第五节
解密体育运动中的数学

体育运动是人们生活中相当重要的一环，挥汗如雨的洒脱，赏心悦目的技巧，成功抑或失败时巨大情绪的释放，这些都是体育运动之所以能够受到世界各地不同文化国民喜爱的原因。通过运动，每个人都能找到一种对自我生命力的确认。

大家有没有想过，在竞技体育已经发展成为一个庞大的经济产业时，运动已经不仅仅靠耐心和激情主导，要想获得更好的竞技效果，就必须更多地向运动科学靠拢，而数学统计就是其中重要的一种。

数学统计在棒球、篮球、足球这三项世界上参与人数众多的群体性活动中得到了很好运用。下面我们就来看一看，运动专家们是通过哪些统计数字来帮助运动员提高运动水平的。

涉及棒球的统计数字主要有以下两项：一是击球成功率，二是棒球成功率。这两项统计数字又包含很多小的统计组成部分。

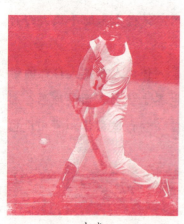

击球

具体而言，安打率（AVG）是运动员的击球次数除以上场击球次数，它不包括走步或牺牲打。打点（RBI）是运动员击球得分的跑垒数，它以球或牺牲为基础。如果要对击球手的能力做一个统计的话，攻击指数无疑是很好的选择，它结合了上垒（上垒百分比，或OBP）和跑垒（垒打数，或SLG），加之有更为精准的 $1.2 \times OBP + SLG$ 的校正，它弥补了 SLG 有比 OBP 更广的范围这样一个事实。

不仅如此，ERA 和 WHIP 也是棒球运动统计学中的重要组成部分。防御率（ERA），它是指一局比赛中所赢得的跑垒时间（最常用的是 9 局）除以投球局数的结果；WHIP 则是指（被安打＋保送）÷ 局数的最终结果。这两项统计数据可以很好地比较各个投手的成功率，以达到合理排兵布阵和进行针对性训练的目的。

投篮

相对于棒球而言，对篮球运动员的技术统计就要简单一点，涉及的主要统计数字是球员的有效率。这个数字的得来可以用以下的公式来表示：

有效率＝（得分＋篮板球＋助攻＋抢断＋盖帽）－（投篮次数－命中次数）＋（罚球出手次数－罚球命中）＋失误

后来，这种统计还加上了两个球迷都比较熟悉的数据——投球命中率（FG 百分比）和罚球命中率（FT 百分比）。前者是投篮命中次数（FGM）除以出手次数（FGA）的结果，后者是罚球命中次数（FTM）除以罚球次数（FTA）的结果。

虽然对运动员来说，短时间内的这些数据可能没有多大意义，也说明不了什么问题，因为篮球运动员的状态和手感都有很多不确定因素，但是观察一个球员长时间的相关统计数据，就能看出很多的问题。

足球作为地球上影响力最大的体育运动之一，因为涉及的参赛球员较多，运动面积也比较大，所以涉及的技术统计资料也比较庞杂。

一般情况下，对球员个人的评判主要从对传球次数、抢断次数、争顶次数、创造进球次数、射门次数、球员现在的体力状况、中途拦截球的次数、成功过人的次数、被吹越位的次数、犯规的次数和被犯规的次数等方面的统计来评判。如果球员在某个关键球的处理上比较突出也会得到比较高的评价。

射门

而对于一支球队来说的话，足球比赛中统计指标主要有控球率、射偏次数、被封堵射门、传球成功率和铲球数等。

控球率是用来检测一场比赛中谁掌握着比赛的主动权和比赛节奏的数据之一。

射偏次数的数据主要是用来监测一方的射门成功率，当然是射偏次数越少，射门的成功率越高，这个数据与球队的实力是成反比的。

被封堵射门数据主要从两方面反应球队的状况，一个是看进攻队员的射门成功率，一个是看进攻队伍的场上射门机会。

传球成功率是看一个球队在正常比赛中无失误的正常传球有多少，主要是监测一个队伍的配合能力，传球成功率越高证明这个球队的配合越好，技术越高。

铲球数就是一个球队在比赛中铲球的次数，是一个监测防守的数据，铲球数多一个是可以证明这个球队的防守很积极，同时也有很大的可能说明队伍场上的局势不是很乐观。

总之，随着体育产业的不断发展，统计学在体育运动中发挥的作用也必然会越来越大。

数学万花筒

数学是所有科学的基础，数学在体育运动中的应用也非常之多，通过大量的数据统计和分析，专家们可以找到提高竞技水平的方法。现在，这方面的研究已经相当深入，涵盖的范围也十分宽广，包括赛跑理论、投掷技术、台球的击球方向、跳高的起跳点、足球场上的射门与守门、比赛程序的安排、博弈论与决策等。

投掷铅球

让人欣喜的是，很多研究开始走出实验室，在各大赛场上展现出科学的威力。就拿投掷理论研究来讲，美国专家艾斯特通过多方面的数据收集和计算机分析，为当时的铁饼投掷世界冠军设计了一套完整的新型训练方法。后来，他又对自己的理论进行修正，让这位世界冠军的水平再次大幅提高，在原有的基础上增加了足足四米的距离。在随后的比赛中，这位世界冠军三次打破世界纪录，震惊全球体育界。

根据数学计算，抛出一物体，在抛掷速度不变的条件下，以45度抛出所达到的距离最远。但是实际情况下，由于空气阻力、浮力等客观因素的影响，出手角度小于45度时，向前的水平力增大时，这对增加器械飞行距离有利。铅球的出手角度为38～42度，铁饼的出手角度为30～35度，标枪的出手角度为28～33度。

相关阅读

细心一点的足球迷都会发现，足球有三个十分重要的特征：

（1）黑白相间（当然这一点并不绝对，现在彩色足球也可以在市场上看到，但黑白二色仍然是足球的主流色）；（2）每两个相邻的正多边形恰好有一条公共边；（3）每个顶点都是相邻三块皮的公共边，且为一黑二白。

大家有没有注意到，现在科技的发展如此迅猛，足球的材质和空气动力学原理都有了很大的突破，但是，足球在人们的眼里，还是那个足球，正 5 边形和正 6 边形还是足球的标志，这到底是为什么呢？

将这个问题放到数学的范畴来理解，大家就会明白，这一切都有不需要改变的特殊理由。根据欧拉定理，即简单多面体的顶点数、面数及棱数有关系。假设正 5 边形正 6 边形各有 x、y 个，则面数 $F = x + y$。由于每条棱均为两个面的交线，棱数 $E = \dfrac{5x + 6y}{2}$，而每个顶点均为三个面的公共点，顶点数 $V = \dfrac{5x + 6y}{3}$。由欧拉定理可得：$\dfrac{5x + 6y}{3} + (x + y) - \dfrac{5x + 6y}{2} = 2$ ①。

又因为每个正 6 边形的 6 条边中有 3 条边与正 5 边形相连，剩余 3 条边与正 6 边形相接，所以有 $\dfrac{6y}{2} = 5x$ ②。

解①②组成的方程组可得：$x = 12, y = 20$。

足球

其实，这些乍看起来毫不相干的数字都有着强烈的象征意义。5 边形代表的是传统意义上的五大洲，即欧洲、亚洲、非洲、大洋洲、美洲（包括南美和北美）；6 边形则是将美洲分开来讲，也就寓意着足球运动在世界范围内的强大普及性。

其实按理说，5 边形或者 6 边形有一个出来代表就行了，但是 12 个正 5 边形和 20 个正 6 边形所组成的 32，又有非常特殊的含义，因为它们代表着入围世界杯 32 强的队伍，代表的是足球水平的最高层次。所以才有了正 5 边形和正 6 边形同时出现的情况。这是一个非常巧妙的设计，也是其多年未变的重要原因。

第六节
动物们的数学情缘

其实，人类并不是这个星球上唯一可以理解数学并利用数学为自己服务的物种，很多动物也具备相关的能力，只是它们不具备将其系统化、抽象化的能力。这些动物根据自身的本能来利用数学，有些高手的杰作让人类都感到十分震惊。下面就让我们一起走入动物们的数学世界。

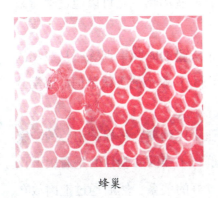

蜂巢

要说动物界的建筑大师，小蜜蜂一定是排名靠前的大师。大家都知道，建筑是一门与数学联系十分紧密的学科，没有数学的支撑，想要建造出伟大的建筑是不可能的。而小蜜蜂们做到了，它们的每一个蜂巢都可以称为建筑界的杰作，因为这些 6 边形的柱状物体，既坚固耐用、防水防潮，又很节省材料，满足了一个优秀建筑应该具备的关键点。

科学家们通过进一步的研究发现，组成蜂巢底盘的菱形具有一个特点，它们的钝角角度都是一致的，统一为 109°28′，而锐角又统一为 70° 32′。最神奇的是，小蜜蜂们将蜂房墙壁的厚度控制在了 0.073 毫米左右，有了这些让人叹为观止的精确设计，蜂房自然就成了自然界杰出建筑的代表了。

说到蜜蜂，就不得不提到另外一位建筑学大师——蜘蛛，蜘蛛网从数学的角度讲是一件完美无瑕的艺术品。那些精巧的八角形几何图，对蜘蛛来说就是小事一桩。

丹顶鹤对数学的领悟和运用集中体现在它的运动过程中。当它们张开翅膀，组成漂亮的人字形队列向前方稳步推进的时候，相信很多人都会被它们俊逸而大气的姿态所折服。而这种姿态，从某种角度上讲，正是数学之美。因为据科学家的测定，丹顶鹤始终保持的人字形队列，角度始终都是 100 度，而更让人惊奇的是人字形的每一边与鹤群整体前进方向的夹角度数为 55° 44′ 8″，这个度数和人们喜爱的钻石结晶体度数一模一样。

随着对动物界研究的进一步深入，科学家们发现，除了这些能根据自身本能利用数学的动物以外，还有一些动物也是可以通过学习来认识和了解数学的。

美国生物学家佩珀伯格曾经花费了大量的时间来训练一只成年的非洲鹦鹉。后来，这只鹦鹉不仅学会了超过 40 个的英语单词，还学会了认识东西和辨别东西的数量。

相对于佩珀伯格的实验，格鲁吉亚第比利斯物种保护中心的专家们则走得更远。他们的实验对象是狼群，主要的实验目的是看狼群识别数字的能力。他们先和狼群建立了友好的关系，然后通过把肉放在特定盆子里并给予狼群不同敲击次数的暗示来完成实验。

最初的工作都进行得很顺利，专家们敲几次盆子，狼就能够准确地找到装肉的盆子。但是，在"7"这个数字上狼群有些犯迷糊，搞不清楚状况。后来，专家们改变了方法，不是一次敲七下盆子而是分成三次和四次两部分，让人惊讶的情况出现了，狼群成功地找到了 7 号盆子里的肉。

从以上的例子中可以看出，数学不是人类的专利，它以不同的形式存在于大千世界之中，其中的奥秘还需要我们去做进一步的探索。

数学万花筒

众所周知，树木能够通过年轮来记录自己生长的岁月，多一圈就意味着多长了一年，这是一件挺震撼人心的事情。岁月在它们身上留下的痕迹是那样清晰和准确，没有任何人能够更改丝毫。

珊瑚虫

树木记录岁月的单位是年，而珊瑚虫记录的单位则是天。每过一天，珊瑚虫身上的环状条纹就会多出一条，一年下来，就是整整 365 条。据古生物学家的考证，3.5 亿年前珊瑚虫每年身上会有 400 条环状条纹，这也就意味着当时一年有整整 400 天，而每天的时间也不是 24 小时，而是 21.9 小时。

相关阅读

数学之美存在于世界的每一个角落，当然，植物也是其中的重要一员。

涉及植物的数学知识除了黄金分割率之外，影响最为广泛的估计

向日葵

就是斐波那契数列和黄金角了，下面就通过一些具体的例子来向大家介绍一下它们为何影响广泛。

先说斐波那契数列，它是指任何一个后者都是前两者之和的特殊数列，比如1，2，3，5，8，13，21，34，55，89……这个数列看起来与植物界八竿子打不着，但是植物学家们在长期的观察研究中发现，植物的花瓣、萼片、果实的数目往往和这个数列有惊人的巧合。

在向日葵的花盘中，恰巧存在着两组方向相反的螺旋线。仔细观察，还会发现其中种子的数量有一个很特别的地方，它们总是在34和55、55和89或者89和144这三组数字之中，这些数字就是斐波那契数列中的一员。

向日葵还有一个特点，恰好和黄金角相关。1979年，英国科学家沃格尔用计算机研究向日葵螺旋线，他发现，如果向日葵的发散角大于或者小于137.5°时都会出现只能看到一组螺旋线的结果，而只有刚好等于137.5°时才能看到两组完整的螺旋线。这个角度就是在植物界赫赫有名的黄金角。

向日葵的这个研究比较复杂，大家如果有兴趣的话，可以去看看生活中比较常见的车前草，它那分为几轮出生的叶片也是以黄金角的角度生长的。

据科学家的研究发现，植物之所以是这个角度生长，原因在于这个角度生长可以最大限度地进行光合作用，同时不对自身的其他部分构成影响。这一点给了建筑师一些灵感，他们在设计大楼采光的时候，也会考虑到黄金角的问题，希望能够最大限度地利用光照而又不影响其他方面的设计。

第七节
证券买卖中的数学

在人们的印象中，证券行业是一个巨大的财富聚宝盆，在这个聚宝盆里，只要你有独到的眼光和深厚的专业知识，就一定能够实现财富的快速积累。但越来越多的数据表明，这只是一个错觉。

1987 年 10 月 19 日，这是一个黑暗的日子，世界上最大的经济体遭遇了一次证券市场的大幅波动，在几乎没有任何征兆的情况下，美国长达 5 年的牛市行情在这一天走向了终结，无数的股民和投资精英损失惨重。一位叫塔勒波的交易员却和这次股灾划清了界限，成为这次股市震荡中少有的"逃生者"。

塔勒波的成功"逃生"很大程度上源于他对概率的深刻研究，按他自己的话说就是靠"运气"。早在塔勒波十几岁的时候，他就对概率有着不同寻常的兴趣，后来的学业和研究方向也和概率紧密相关。

股市

根据塔勒波成名之后的深入研究，他认为很多人（包括经验非常丰富的操盘手）会在大的股市震荡中遭遇不小的损失，关键原因就在于他们太过相信自己的专业知识，而这些专业知识在股市中的作用其实非常有限，学界专门的术语叫作"幸存者认识偏差"。这种偏差对股市的参与者来说，有着十分重要的参考意义。

放眼望去，关于股市的投资理论、操作技巧、分析技巧何止千万，遗憾的是，这些信息对股市的实际操作并没有什么意义。因为影响股价的因素太多了，地球上任何一个区域看起来毫不起眼的小事件都有可能成为影响股市走向的潜在因素。比如说中国某地一个人得了像感冒但又不是感冒的不明症状，他在公共场合又打了几个喷嚏。这样的细节发生时，没有哪一个投资者会注意到他对股市的潜在影响。但当这名患者被确诊为非典型肺炎，并且很有可能形成疫情的时候，股市的震荡就开始了，再想成功退出已经没有反应的时间，只能眼睁睁地看着损失降临。

美国股市结束长达5年的牛市行情也是同样的道理，只不过它的产生由更多不为人所注意的小细节构成，这些小细节到现在为止也没有人知道具体有什么样的表现，它们是如何相互叠加形成合力并产生作用的。也就是说，在股市中蝴蝶效应和黑天鹅效应都会产生很大的作用力，人力根本不可能对其进行准确预测。

了解了这些之后，幸存者认识偏差这个概念就容易理解多了。人们所认可的专业基于对经验的总结，但在股市这个特殊的领域内，一切事情的发生都是概率的结果，根本没有什么万能的经验可以解决这些问题。

一次成功的投资是运气，十次成功的投资也是运气，只不过运气比较好而已。在股市的操作中，遭遇重大损失的人往往都是特别自信的人，他们很认可自己的投资眼光和判断，认为靠运气和概率吃饭只是门外汉赖以谋生的手段，他们早已超越了那个阶段，走上了自己主宰命运的道路。

但显然，和整个世界的随机性做斗争不会有什么好结局。

数学万花筒

股票投资在我国有一个更为形象的说法——炒股。一个"炒"字就足见股民们投资心态的浮躁，而且这么多人能够以"炒"的心态进入股票市场进行实实在在的操作，也可见当前中国股票市场本身制度的不健全和管理的混乱。

股市的产生最初是为了帮助有资金需求且有发展潜力的公司提供社会化支持，企业在获得发展的同时，也让投资者获得额外的收益，最终达到互利共赢的目的。后来，股市逐渐发展，慢慢变成了一

无奈的股民

种大众化的理财工具，但实现互利共赢的最初目标还是没有改变。不过，逐利的冲动势必会从不同的方面去冲击股市正常而公平的运作秩序，这个时候，就需要有一个强有力的监管部门用有效的监管手段来规范市场的运作。

在国内，很多企业追求上市并不是为了使企业获得更好的发展，而只是为了圈钱。企业管理层要达到这些目的，就会大肆地做门面工作，

不断炒作概念，弄得散户云里雾里、晕晕乎乎，实际上企业本身毫无发展潜力。他们就像是麻将桌上的庄家一样，把不明真相的投资者玩弄于股掌之中，最后实现自身的财富积累，同时留给股民们一个大大的烂摊子。这与互利共赢的基本宗旨是完全背离的，所以也才有了中国股市水深似海，一夜回到十年前的奇特景象。

相关阅读

在我们的生活中，经常会遇到一些别有用心的人，他们利用人的大脑有时会走神儿、转不过弯来进行欺诈活动。

一个骗子到超市去买东西，他先选了价值为 9 元的商品，然后到收银台去付款。这个时候骗局开始了：首先，他拿出 100 元给收银员，在收银员找给他 91 元之后谎称自己身上有 9 元零钱，希望把先前的 100 元给换回来。这个时候，如果收银员大脑稍微有些走神的话，就会上当，被他骗走钱财。

另一个典型例子是街边常见的赌博游戏，规则很简单，两个麻将色子，按掷出的点数定输赢，如果点数是 5，6，7，8，9，则庄家赢，是其他的数字则是玩的人赢。这个简单的游戏，庄家赢的次数总的来说一直都比玩家多，究其原因，也就在于他获胜的概率是三分之二，而另一方获胜的概率只有三分之一。这一点其实并不难发现，只是由于当时的玩家情绪比较激动，不能静下心来分析思考而已。

第八节
生活中的"不正当竞争"

数学真的是我们日常生活中必不可少的一环，它的意义既体现在很多显而易见的地方，比如计算、科学实验，也体现在一些看起来毫不起眼的小游戏中，比如象棋残局、转糖摊、猜扑克牌等。

街道边，经常会看到一群人围着一个象棋摊，主人摆出一副残局，邀请路人与他进行对弈。如果他胜了，挑战者给他一定数额的钱，如果挑战者赢了的话，他付双倍的钱。这个时候，往往会有一些人上去挑战，想在众人面前显露一下自己高超的棋艺水平，同时赚两个酒钱。但是，前去挑战的人（"托儿"除外），基本上没有人能赢过主人，别说赢，就连平局都难于登天。这究竟是为什么呢？

原来，摆摊设局的人就是在赌博，只不过他赌的是挑战者犯错误的概率。具体来说，这些象棋残局都是千百年前流传下来，至今没有破掉的局，最完美的结果也就是下到和棋的地步。而摆摊设局的人，对所有的棋路早已相当熟悉，挑战者如果能够做到每一步都不犯错误，那么他们能够打平。但是，挑战者要做到不犯一点错误基本上是不可能的，这可以通过简单的数学假设来证明。

我们假定这个残局，从开局到定局共有 10 个回合，又假定你每一步棋走对的可能性是 $\frac{1}{2}$，走错的可能性也是 $\frac{1}{2}$。

这样，你能够与摊主弈和的可能性是 $(\frac{1}{2})^{10} = \frac{1}{1024}$。

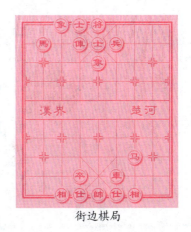

街边棋局

即使你每步走对的可能性是 $\frac{9}{10}$，和棋的可能性还远远不到 $\frac{1}{4}$。

或许你会认为这低估了你的棋艺水平，但对大多数人来说，$\frac{1}{2}$ 的概率已经是十分宽大的估计了。

所以说，打败摊主只是一个成功性极小的小概率事件，摊主在绝大多数时候都是稳操胜券的，如果你不是象棋天才或者是有非一般的好运气，遇上这些摊主，在旁边看看就好，千万不要贸然下手。

猜扑克牌也是一种小概率事件，游戏的玩法也很简单。一个人拿出 5 张扑克牌，然后让另外的一个人从中抽出一个花色的牌，比如黑桃 A，之后又把这张牌放进剩下的牌中间，洗一洗，换一换，最后让另一个人来猜。如果猜错了，这个人就要付钱给摊主，若是猜对了，摊主付双倍的钱给这个人。有的人对自己的眼力很有信心，有的人对自己的运气很有信心，就会上去试一试。最后的结果还是发牌的一方占据绝对优势。

其实，从概率方面看这个问题，就很好理解了：就算摊主没有作弊，猜对的可能性是 $\frac{1}{5}$，平均每次可以赢 $\frac{2}{5}$ 的钱；猜错的可能性是 $\frac{4}{5}$，平均每次输 $\frac{4}{5}$ 的钱。赌的次数越多，每次输的平均值就越接近 $\frac{4}{5}$，而 $\frac{4}{5} > \frac{2}{5}$。因此，赌主输钱的概率绝对高于赢钱的概率。

扑克牌

如果说以上的两个游戏玩家还有些许获胜可能的话，那转糖摊游戏则是不折不扣的一边倒，参与者完全没有获胜的可能。

在这个游戏中，一个固定的圆盘上画了偶数个扇形的小格子，偶数格子里放着很不值钱的小糖果，奇数格子里放着笔、墨水等值钱一些的物品。

圆盘的中心则会放着一根可以转动的指针。参与者给少许的钱就可以获得转动指针的机会，转到编号为几的数字就可以拿走这个数字往下数一倍格子里的物品，比如说指针停在了7的位置，那么就可以拿走从8开始数到第7个格子，即第14格里的糖果。

如果玩家觉得这个游戏只是凭运气吃饭的话，那就大错特错了，因为在这个游戏中，运气起不了丝毫的作用。因为，不管指针转到哪个数字，最后的结果，你都只能拿走一块糖果。这是为什么呢？

其实，只要稍微想一下就会发现其中的玄机。这是由一个最简单的数学原理决定的：奇数加上一个奇数结果是偶数，偶数加上一个偶数结果也是偶数。因此，不管指针是指向了6还是7，比较值钱的东西都不可能被玩家拿走。

数学万花筒

轮盘赌可以说是这个世界上最能体现概率神奇之处的一种方式了。

1913年8月18日，一次让人叹为观止的轮盘赌在蒙特卡罗的一家赌城上演了。轮盘上一共有37个数字，在没有任何异常的情况下，这座赌城的轮盘赌一天之内出现了26次偶数，要在短时间内出现如此大量的偶数，而且是连续出现，通过数学计算可以知道，这种概率仅仅只有0.000000007，这和买彩票中特等大奖的概率几乎相当。

对参加这次赌博的人来说，这既是一件让人兴奋不已的好事，又是一件让人惊心动魄的坏事。随着偶数一次又一次的出现，很少有人再敢把筹码投在偶数上，因为迎接他们的将是一次又一次的失败。即便有人下定决心一直压偶数，他也不确定偶数的出现会在何时终结。

相关阅读

数学界有一个很著名的概率问题，通过反复地抛掷小针，最终会得到一个和圆周率 π 十分相近的数值。这个问题最先是由法国科学家布丰提出的，所以人们称之为"布丰问题"。

说起布丰问题，就不得不提到一本书《或然算术试验》，在这本书里，布丰详细地阐释了这个问题的相关细节和内在原理。为了让自己的著作给人留下深刻的印象，1777 年的一天布丰邀请了很多朋友到自己家里来做投掷小针的实验。

当时，布丰先拿出一张上面画满了很多平行线的白纸，然后又拿出一把小针，对所有的宾客解释道，这些小针的长度是纸上两条平行线之间距离的一半。实验开始后，布丰让大家把这些小针向白纸扔去，并让宾客告诉他小针是否和白纸上的平行线相交。

虽然大家都不知道布丰葫芦里卖的是什么药，但既然主人发出了邀请，大家也就按布丰的吩咐开始试验。在扔小针的过程中，布丰也没有闲着，他拿着笔记本认真地记录扔的次数和小针与白纸上直线相交的次数。

布丰

最后，布丰向大家公布了自己的实验结果，宾客们总共有 2212 次的抛投量，与直线相交的次数为 704 次，两者的比值大约为 3.14，也就是圆周率的数值。

大家对这个结果非常惊讶，因为他们实在想不出自己朝纸上扔小针和圆有什么关系。这个时候布丰出来解释道，这都是概率的结果。他顺势推出了自己的新书《或然算术试验》，称要想进一步弄明白这个问题的话，就去看这本书。

从这件轶事中我们可以看出，布丰不仅是一个很有见地的科学家，还是一个很有营销思维的广告人。

第九节
为什么没有诺贝尔数学奖?

世界上以人名和遗产设立的奖项非常多，但要说最广为人知的，还是诺贝尔奖。众所周知，诺贝尔奖在世界范围内都具有十分重要的意义，它代表了一个人在某一领域的贡献得到了世界的极大肯定和赞誉，获得诺贝尔奖不仅意味着崇高的荣誉，还有每年高达100万美元的奖金。

诺贝尔是一个天才发明家，他出生于瑞典斯德哥尔摩。在他的一生之中，一共拥有355项技术发明专利，其中就包括对人类生产非常重要的炸药。

诺贝尔利用这些实用性很强的发明和专利在世界各地建立起了超过100家的企业，他一生中拥有巨额财富。诺贝尔逝世前，他留下了一份意义深刻的遗嘱，决定分别设立物理、化学、生物、文学、和平、经济六个奖项，每年选取这些领域内最优秀的人进行奖励。奖金就来源于他遗产的一部分，这部分遗产将成立专门的基金，以确保这项活动能够持续进行下去。

不过，在现代人看来，诺贝尔这位十分值得人钦佩的科学家却没有将科学界中最为基本的一门学科——数学——列入奖励的范围，着实是一件让人很困惑的事情。后人也根据各种信息做出了一些猜测，描绘得最为生动的一种说法是诺贝尔在情场上的失利。

据说，当年诺贝尔结交了一个比他小十几岁的女友，他对女友十分痴情，但后来他发现这个小女友并不像自己忠于她一样忠于自己，她喜欢上了一位数学家。诺贝尔后来终生不娶似乎印证了他对这个小女友的深情，当然，也从另一个侧面反映了他对那个数学家的耿耿于

诺贝尔

怀。所以，诺贝尔在设立奖项的时候直接将数学给排除掉了。

但也有人提出了新的解释，因为诺贝尔要表彰的是那些能够最为直接地给人类带来重大贡献的发明和研究，而数学作为一门基础学科，在现实生活中并不能直接产生多大的价值，所以，诺贝尔就没有将数学列入奖励范围。这也可以从两个事实中得到印证：一是诺贝尔生活的年代，他的化学研究和数学的关系还不怎么紧密，他本人也因为求学经历的缘故和精深的数学没有太多直接的接触；二是在诺贝尔奖的评选过程中，也能明显感受到进行纯理论研究的科学家获奖的难度要比进行实际应用的科学家大。

不管出于何种原因，数学没有进入诺贝尔的奖励范围都不得不说是一大遗憾。不过幸运的是，菲尔兹奖的出现弥补了这一缺陷。这个代表国际数学界最高荣誉的奖项是以加拿大著名数学家和教育学家菲尔兹的名字命名的。

说起菲尔兹奖项的由来，还有一些十分感人的细节值得人们怀念。为了促进当时还不怎么发达的北美洲数学的进步，菲尔兹竭尽心力地筹备国际数学大会，以便能加强国际交流，推动本地数学研究的发展。后来，菲尔兹根据结余会费的情况有了设立国际数学奖的想法，并且

积极筹备，希望能在第九次国际数学大会上成为现实。不幸的是，在这期间，菲尔兹因为操劳过度一病不起。去世前，菲尔兹立下了将自己的遗产和结余经费作为基金，成立国际数学奖的遗嘱。

在苏黎世国际数学大会上，各国科学家为了表彰和纪念菲尔兹为国际数学事业做出的贡献，将原定为国际数学奖的奖项改为菲尔兹奖。虽然这和他不以人名命名这个奖金的遗嘱有些许冲突，但与会的科学家们还是一致通过了命名计划，因为他的精神确实给世人留下了很好的榜样。

数学万花筒

世界上真正意义上的数学竞赛源于匈牙利，1894 年，匈牙利数学界为了庆祝著名数学家、匈牙利数学会主席埃特沃斯荣任匈牙利教育部长而组织了第一届中学生数学竞赛，这是真正意义上的数学竞赛的开端。

自 1894 年匈牙利举办数学竞赛之后，除了偶尔有些国家举办全国性的数学竞赛之外，没有出现过世界性的大赛。

1956 年，罗马尼亚的罗曼教授向东欧七国建议举办国际数学竞赛并得到了同意。1959 年 7 月，在罗马尼亚的古都布拉索夫举行了第一届国际数学奥林匹克大赛（IMO），参加的 7 个国家都是东欧国家。

但是，最开始几届大赛参赛的成员国并没有增加，直到 1963 年和 1964 年南斯拉夫和蒙古先后开始加盟之后，参加的国家才逐渐增加。1965 年波兰加入大赛，1967 年法国、英国、意大利和瑞典等西方国家也参加了。

奥林匹克数学竞赛，只是为了调动孩子们学习数学的兴趣，让真正有数学天赋同时又对数学有着极大兴趣的人脱颖而出。其实，每个人都有自己的特长，并不一定每个人都要参与到这项活动中来，完全以自愿为主。

相关阅读

菲尔兹，加拿大数学家，多伦多大学毕业，美国约翰斯·霍普金斯大学博士，加拿大皇家学会和英国皇家学会会员，主要研究代数函数论。

菲尔兹

菲尔兹热心于提倡数学界国际间的学术交流，1924年全力筹备主持在多伦多举行的国际数学家大会（这是在欧洲三外召开的第一次国际数学家大会），并建议以会议结余款项设立国际性数学奖。1932年8月，菲尔茨不幸去世，他立下遗嘱把自己的遗产加到上述剩余经费中，由多伦多大学数学系转交给第九次国际数学家大会。这一建议后为1932年苏黎世国际数学家大会所采纳，设立的菲尔兹奖在每四年一度的国际数学家大会上颁发。

第六章
数学趣题

 主题引言

　　数学是一门严谨的学问，来不得半点马虎。因此，在很多人看来，数学是枯燥乏味的，很多人都不愿意学数学，更有人还会对数学产生一种抵触情绪。

　　那么，数学真的是那么枯燥乏味的吗？其实不然，在数学的发展进程中，那些数学家也从生活中发现了很多有趣的数学题。这些数学题都与我们的生活密切相关，解决了我们生活中很多实际的问题。

　　换种思维或者看问题的方法，也许你就会发现数学并没有想象中的那么无聊，相反，还能给你带来很多乐趣。下面我们就一起来品味一下数学中的趣味吧。

第一节
"盈不足术" 问题

假如有人问这样一个问题：4 个人一起坐出租车，车费 12 元。问每人应出多少钱？这个问题其实很简单，几乎每个学了小学数学的人都知道每人应出 3 元。如果从代数的角度来看的话，这只不过是解一元一次方程 $4x = 12$ 而已。但就是像 $px - q = 0$ 这种我们看起来很简单的一元一次方程问题，在古人看来却是个令人头痛的复杂问题。

"盈不足术" 是我国古代解决 "盈亏类" 问题的一种算术方法，"盈" 就是多，"不足" 就是少。我国古代数学名著《九章算术》里就有一章叫作 "盈不足"，专门阐述过这种问题，其中第一个问题是："今有共买物，人出八，盈三；人出七，不足四。问人数、物价各几何？" 意思就是说：现在有几个人合伙一起买东西，如果每人出 8 元则多出 3 元；如果每人出 7 元则少了 4 元。问一起买东西的人有几个？一共花了多少钱？

《九章算术》在这个问题上先通过演算，最后总结出了几个公式。在演算中，先求出人数，再通过人数求出总花费的钱。在求人数的时候，作者认为总数相差数 ÷ 每人相差数＝人数，因此人数的算法是：每人出 8 元的总数与每人出 7 元的总数相差 $3 + 4 = 7$ 元，每个人两次出钱的差为 $8 - 7 = 1$ 元，那么人数就是 $7 \div 1 = 7$ 人，最后求出总花费数为 $8 \times 7 - 3 = 53$ 元。放到现在，我们用代数式来计算，设人数为 x，共花费的钱为 y，则可列出二元一次方程组：

$8x - 3 = y$（1）

$7x + 4 = y$（2）

解这个方程组可得出，人数 $x = 7$ 人，共花费 $y = 53$ 元。这种算法就非常的简单了。

$11 \sim 13$ 世纪的时候，我国的"盈不足术"算法传到了阿拉伯帝国。阿拉伯数学家非常重视这种算法，并把"盈不足术"称之为"契丹算法"。而契丹正是我国历史上少数民族政权辽的建立者，因此，阿拉伯人所指的"契丹"实际上指的就是中国，"契丹算法"也就是"中国算法"。之后，阿拉伯人又把这种算法传入欧洲，并在欧洲的数学发展中起了重要作用。

13 世纪时，著名的意大利数学家斐波那契最早介绍了这种方法。随后，"盈不足术"在欧洲发展为"双设法"。在代数学的符号系统发展起来之前，"双设法"是中世纪欧洲应用最广泛的解决算术问题的主要方法。

所谓"双设法"即通过两次假设以求未知数的方法。假如以《九章算术》里面"盈不足术"的问题为例，设 a_1 和 a_2 分别为两次不同的出钱数，b_1 和 b_2 则相应为多出的和不足的钱数，p 为人数，q 为总花费钱数，x 为每人应出的钱数。由此可以列出：

$a_1 p - q = b_1$ （1）

$a_2 p - q = b_2$ （2）

（1）-（2）得 $p(a_1 - a_2) = b_1 - b_2$ 即 $p = \dfrac{b_1 - b_2}{a_1 - a_2}$ （3）

（1）$\times a_2 -$（2）$\times a_1$ 得 $q(a_1 - a_2) = a_2 b_1 - a_1 b_2$ 即 $q = \dfrac{a_2 b_1 - a_1 b_2}{a_1 - a_2}$（4）

因此，可以求出 x 的值为 $x = \dfrac{q}{p} = \dfrac{a_2 b_1 - a_1 b_2}{b_1 - b_2}$ （5）

现在，在我们的日常生活中遇到的一些算术难题用我们学到的一元一次方程、一元二次方程或二元一次方程等代数知识就可以解决，不必多此一举地再用"盈不足术"的算法了。但在高等数学范围内，有时还要用"盈不足术"推求高次数方程或函数实根的近似值。

数学万花筒

关于"盈不足术"的算术问题，我国北魏数学家张丘建所著的《张丘建算经》也有记载。其上卷第一章第 24 题是："今有绢一匹（4 丈）买紫草三十斤，染绢二丈五尺。今有绢七匹，欲减买紫草，还自染余绢。问减绢、买紫草各几何？"此题的意思是：用一匹长 4 丈的绢能买紫草 30 斤，30 斤紫草能染 2 丈 5 尺绢。现有 7 匹绢，准备卖掉一些绢去买紫草来染剩下的绢。

《张邱建算经》

问要拿出多少绢去买紫草？需要买多少斤紫草来染剩下的绢？答案是：卖掉 4 匹 1 丈 2 又 $\frac{4}{13}$ 尺，买草 129 斤 3 又 $\frac{9}{13}$ 两。

1261 年，南宋数学家杨辉在编写《详解九章算法》中将《九章算术》书中 246 个问题中的 80 个进行了详解，并对"盈不足术"还添上别种算法。

1592 年，明代数学家程大位编写的《算法统宗》被作为当时的启蒙数学书，全书有 595 个问题，其中"用绳子量井深，把绳子三折来量，井外余绳四尺；把绳四折来量，井外余绳一尺。求井深和绳长各是多少"就是用"盈不足术"来解答的。

相关阅读

列昂纳多·斐波那契，意大利数学家，因发现了"斐波那契数列"而闻名于世。

1175 年，斐波那契出生于意大利比萨城；1202 年，他撰写了《算盘全书》一书；1250 年，斐波那契在比萨城去世，被人称作"比萨的列昂纳多"。

斐波那契的父亲曾被比萨的一家商业团体聘任为外交领事，派驻在相当于现在的阿尔及利亚地区。斐波那契从小跟随父亲在驻地生活，也因此得以在一位阿拉伯老师的指导下研究数学，他还曾在埃及、叙利亚、希腊、西西里和普罗旺斯研究数学。斐波那契是第一位研究印度和阿拉伯数学理论的欧洲人。

第二节
格尼斯堡七桥问题

格尼斯堡是一座古老而美丽的城市，濒临波罗的海，布勒格尔河的两条支流在这里汇合并最终流入大海。格尼斯堡因为著名的数学图论问题——七桥问题而广为人知。

格尼斯堡城被流经的河水分成了四个部分。为了方便行走，人们修建了 7 座桥把这四个部分连成了一体。城中的居民经常沿着河过桥散步，有一天有人就提出了一个问题：能不能在一次行程中每座桥只通过一次而走遍 7 座桥呢？

　　最开始这个问题提出来的时候，城里的居民都以为这是个简单的问题，只要有时间多走几次就会找出这么一条路线来。于是有人真的一遍一遍地走，结果却没有一个人找到这样一条路线。

　　这件事情传开后，引起了很多学者、名人的注意。一些著名的大学教授也专门研究起这个问题来，但是依然没有人能够成功。七桥问题难住了格尼斯堡的所有居民，格尼斯堡也因为这件事情而出名了。

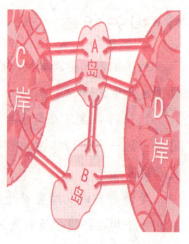

格尼斯堡七桥问题

　　1736 年，当时欧洲著名的大数学家欧拉来到了格尼斯堡，他对七桥问题表现出了浓厚的兴趣。不过欧拉并没有亲自去一遍一遍地实地行走，而是把现实世界中的立体构成转化为一系列的空间点线结合物。他把四个独立的部分虚化为四个点，而连接这四个部分的 7 座桥梁则是 7 条空间中的直线。如此一来，怎样不重复地通过 7 座桥，变成了怎样不重复地画出一个几何图形的问题。欧拉接下来就是判断这种不重复的路线是否真的存在。

　　然而，欧拉最后得出的结论也很遗憾：理论上这是不可能完成的任务。虽然最后的结果让人有些失望，但欧拉在研究一笔画图形的结构特征时却有一个意外的收获，他发现凡是能用一笔画成的图形都有一个共同的特点：每当用笔画一条线进入中间的一个点时，你还必须画一条线离开这个点，否则的话，整个图形就不可能用一笔画出。也就是说，单独考察图中的任何一个点（除起点和终点外），它都应该与偶数线条相连。反映到这种河桥图能否不重复而全部走一次的问题上，其法则是：如果所有部分都是奇数座桥，则可以从其中任一地出发找到所要求的路线；如果只有起点和终点两个地方是奇数座桥，则可以从其中任一地出发找到所要求的路线；如果所有部分都是偶数座桥，则从任一地出发都可以找到所要求的路线。

当时欧拉也只是把这个发现当成判定通桥问题的一个标准，他没有想到，自己在无意中已经开启了拓扑学研究的大门。

欧拉的这种无心之举不仅体现在七桥问题上，在拓扑学的发展历史中还有一个著名的关于多面体的定理也和欧拉有关，即多面体的欧拉定理。其主要内容为：如果一个凸多面体的顶点数是 v、棱数是 e、面数是 f，那么它们总有这样的关系：$f + v - e = 2$。

根据多面体的欧拉定理推导，人们会发现一个有趣的事实：世界上的正多面体有且仅有五种，它们分别是正四面体、正六面体、正八面体、正十二面体和正二十面体。这一事实对于后来的拓扑学发展而言，有着重要的意义。

在欧拉之后，人们又陆续地发现了一些拓扑学定理。但是，直到19 世纪末的法国数学家庞加莱开始研究，拓扑学才得到系统的研究，也才奠定了这门数学分支的基础。

数学万花筒

拓扑学这个名称来源于希腊语 $Τοπολοу$ 的音译，其本意为地貌，科学家们取其形似，将其引入到了这门独特的数学分支上。

19 世纪中期，拓扑学主要研究的是出于数学分析的需要而产生的一些几何问题。发展至今，拓扑学早已超出了几何的范畴，成了一门独特的数学分支，研究的内容也扩展到了拓扑空间在拓扑变换下的不变性质和不变量，世界上大多数连续性现象都被其涵盖在内。

相关阅读

亨利·庞加莱，法国数学家、天体力学家、数学物理学家和科学哲学家。

1854 年 4 月，庞加莱出生于法国南锡。庞加莱的研究涉及数论、代数学、几何学、拓扑学、天体力学、数学物理、多复变函数论、科学哲学等许多领域。庞加莱在数学方面的杰出工作对 20 世纪和当今的数学造成了极其深远的影响，他在天体力学方面的研究是牛顿以来的第

亨利·庞加莱

二个伟大的里程碑，他对电子理论的研究被公认为相对论的理论先驱。

1912 年 7 月，庞加莱卒于巴黎。他被公认是 "19 世纪后四分之一和 20 世纪初的领袖数学家"，是对于数学及其应用具有全面知识的最后一个人。

第三节
四色问题

四色问题又叫作四色猜想，是世界近代三大数学难题之一。

四色问题的内容是："任何一张地图只用四种颜色就能使具有共同边界的国家着上不同的颜色。" 用数学语言表示，即 "将平面任意地细分为不相重叠的区域，每一个区域总可以用 1，2，3，4 这四个数

字之一来标记，而不会使相邻的两个区域得到相同的数字。"（如下图）

这里所指的相邻区域，是指有一整段边界是公共的。如果两个区域只相遇于一点或有限多点，就不叫相邻的。因为用相同的颜色给它们着色不会引起混淆。

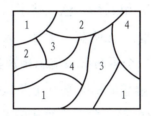

四色猜想的提出来自英国。1852 年，毕业于伦敦大学的弗南西斯·格思里来到一家科研单位搞地图着色工作时，发现了一种有趣的现象：每幅地图都可以用四种颜色着色，使得有共同边界的国家着上不同的颜色。这个结论能不能从数学上加以严格证明呢？他和在大学读书的弟弟格里斯决心试一试。兄弟二人为证明这一问题而使用的稿纸已经堆了一大叠，可是研究工作没有任何进展。

1852 年 10 月 23 日，他的弟弟就这个问题的证明请教他的老师、著名数学家德·摩尔根，摩尔根也没有找到解决这个问题的途径，于是写信向自己的好友、著名数学家汉密尔顿爵士请教。汉密尔顿接到摩尔根的信后，对四色问题进行论证。但直到1865 年汉密尔顿逝世为止，问题也没有能够解决。

1872 年，英国当时最著名的数学家凯莱正式向伦敦数学学会提出了这个问题，于是四色猜想成了世界数学界关注的问题。世界上许多一流的数学家都纷纷参加了四色猜想的大会战。1878—1880 两年间，著名的律师兼数学家肯普和泰勒两人分别提交了证明四色猜想的论文，宣布证明了四色定理，大家都认为四色猜想从此解决了。

　　11 年后，即 1890 年，在牛津大学就读的年仅 29 岁的赫伍德以自己的精确计算指出了肯普在证明上的漏洞。他指出肯普说没有极小五色地图能有一国具有五个邻国的理由有破绽。不久，泰勒的证明也被人们否定了。人们发现他们实际上证明了一个较弱的命题——五色定理。就是说对地图着色，用五种颜色就够了。后来，越来越多的数学家虽然对此绞尽脑汁，但一无所获。于是，人们开始认识到，这个看似容易的题目，其实是一个可与费马猜想相媲美的难题。进入 20 世纪以来，科学家们对四色猜想的证明基本上是按照肯普的想法在进行。1913 年，美国数学家伯克霍夫在肯普的基础上引进了一些新技巧，美国数学家富兰克林于 1939 年证明了 22 国以下的地图都可以用四色着色。1950 年，温恩从 22 国推进到 35 国。1960 年，有人又证明了 39 国以下的地图可以只用四种颜色着色；随后又推进到了 50 国。看来这种推进仍然十分缓慢。电子计算机问世以后，由于演算速度迅速提高，加之人机对话的出现，大大加快了对四色猜想证明的进程。1976 年，美国数学家阿佩尔与哈肯在美国伊利诺斯大学的两台不同的电了计算机上，用了 1200 个小时，做了 100 亿判断，终于完成了四色定理的证明。四色猜想的计算机证明，轰动了世界。它不仅解决了一个历时 100 多年的难题，而且有可能成为数学史上一系列新思维的起点。不过也有不少数学家并不满足于计算机取得的成就，他们还在寻找一种简捷明快的书面证明方法。

　　在四色问题的研究过程中，不少新的数学理论随之产生，也发展了很多数学计算技巧。如将地图的着色问题化为图论问题，丰富了图论的内容。不仅如此，四色问题在有效地设计航空班机日程表，设计计算机的编码程序上都起到了推动作用。

　　四色问题也有它的局限性。虽然四色定理证明了任何地图可以只用四种颜色着色，但是这个结论在现实上的应用却相当有限。现实中的地图常会出现飞地，即两个不连通的区域属于同一个国家的情况，而制作地图时我们仍会要求这两个区域被涂上同样的颜色，在这种情况下，四种颜色将会是不够用的。

数学万花筒

赫尔曼·闵可夫斯基

19世纪末，德国数学家赫尔曼·闵可夫斯基曾是爱因斯坦的老师。因为爱因斯坦经常不去听课，所以他骂爱因斯坦是"懒虫"。可是闵可夫斯基万万没想到，就是这个"懒虫"后来创立了著名的狭义相对论和广义相对论。闵可夫斯基受到很大震动，他把相对论中的时间和空间统一成"四维时空"，这是近代物理发展史上的关键一步。

骂爱因斯坦是"懒虫"恐怕还算不上是他最尴尬的事，最尴尬的是解决四色问题未果的事情。一天，闵可夫斯基刚走进教室，一名学生就递给他一张纸条，上面写着："如果把地图上有共同边界的国家涂成不同颜色，那么只需要四种颜色就足够了，您能解释其中的道理吗？"闵可夫斯基微微一笑，对学生们说："这个问题叫四色问题，是一个著名的数学难题。其实，它之所以一直没有得到解决，仅仅是由于没有第一流的数学家来解决它。"为证明纸条上写的不是一道大餐，只是小菜一碟，闵可夫斯基决定当堂解决。下课铃响了，可闵可夫斯基还是没有解决这个问题。连着好几天，他都挂了黑板。后来有一天，闵可夫斯基走进教室时，忽然雷声大作，他借此自嘲道："唉，上帝在责备我狂妄自大呢，我解决不了这个问题。"

相关阅读

凯莱，英国纯粹数学的近代学派带头人。1821年8月16日生于萨里郡里士满，1895年1月26日卒于剑桥。

凯莱

1839年入剑桥大学三一学院学习，1842年毕业，后在三一学院任职3年，开始了毕生从事的数学研究。1846年入林肯法律协会学习并于1849年成为律师，以后14年他以律师为职业，同时继续从事数学研究。1863年被任命为剑桥大学纯粹数学的第一个萨德勒教授，直至逝世。他一生发表了九百多篇论文，内容涵盖非欧几何、线性代数、群论和高维几何等。

第四节
质数的特性和哥德巴赫猜想

我们知道，自然数按照数的因子的个数可以分为三类：

（1）数1：只有它本身作为自己的因数。

（2）质数：只有1和他本身作为自己的因数。

（3）合数：有两个或两个以上大于1的因数。

质数，也称素数，是在大于1的整数中只能被1和其自身整除的数。几千年来，人们发现质数是一种神奇的数，它吸引了无数的专家和学者对其进行研究。

公元前 295 年，古希腊学者欧几里得发现了质数的无穷特性。他指出：任意取一个质数 m，那么所有小于 m 的质数和 m 的乘积加上 1 必然也是质数（如果它还有其他的质因数，那么其他的质因数必定大于 m）。这就简明生动地证明了质数是无穷的，不管你取得的质数有多大，肯定还能找到比它更大的质数。

后来，人们又发现有些质数前后两者之间仅仅相差 2，而且是成对出现的，如 3，5；5，7；11，13；17，19；29，31；41，43；…；10016957，10016959；…；999999999959，999999999961……这些成对出现的质数被称为孪生质数。这项发现虽然有助于人们进一步了解质数，但同时也带来了新的难题，这些孪生质数是否也具有无穷多的特点呢？

虽然有些质数被称为孪生质数，但并不是所有的质数前后两者之间只相差 2。事实上，质数的分布是不确定的，有时候间隙很大，有时候又紧挨在一起。例如：1～10 之间有 4 个质数，但是 1001～1010 之间却只有 1 个质数。

为了找出质数的分布规律，古希腊著名学者埃拉托塞尼创造了所谓的"筛法"，并以此制出了一个质数表。但是这种制质数表的方法过于烦琐，于是人们开始尝试寻找质数的一般表达式。

17 世纪时，法国数学家费马提出了一个奇妙的猜想：形如 $2^{2^n} + 1$（$n = 0，1，2，3，4$……）的数是质数，后人把这类数称为费马数。但是，对于这个数，费马自己也没有找出一个完全的证明的方法，只是在计算出前面 5 个数之后就提出了这个猜想。

1732 年，欧拉算出当 $n = 16$ 时，式子的得数 4294967297 不是质数，是个合数。并且，自此之后再也没有哪位数学家找到是质数的费马数了。

这也就宣布了费马的这个猜想不成立，它不能作为一个求质数的公式。

后来，不断有数学家们提出一个又一个质数的表达式，但是毫无例外地都会从某个数开始失效。人们在这方面的尝试并没有取得很大的进展。

在质数领域，哥德巴赫猜想是最著名的难题。

1742年，德国数学家哥德巴赫在给好友欧拉的信中提出了这样一个猜想：

（1）任何一个大于4的偶数，都可以表示成两个奇素数之和。

（2）任何一个大于7的奇数，都可以表示成三个奇素数之和。

欧拉在收到信后，对哥德巴赫提出的这个猜想进行了一番研究。之后，他在给哥德巴赫的回信中说："我相信这个猜想是正确的，但目前我还没有办法来证明它的正确性。"

哥德巴赫猜想提出后引起了世界上成千上万的数学家的注意。然而，两个半世纪过去了，它仍然没有得到彻底解决。人们对这一猜想的研究直到20世纪，才有了本质性的进展。

1920年，英国数学家哈代和李特尔伍德首先将他们创造的圆法应用于数论问题，哥德巴赫猜想研究停滞的局面才出现了松动。

1937年，苏联数学家维诺格拉夫利用改进的圆法和他自己的指数估计法无条件地证明了奇数哥德巴赫猜想，即每个充分大的奇数都是3个奇素数之和。至此，哥德巴赫猜想的证明取得了第一个实质性的突破。

在奇数哥德巴赫猜想的证明取得突破的时候，偶数哥德巴赫猜想的研究证明也取得了重大的进展。

1920年，挪威数学家布朗用自己改进的筛选法证明了"每个充分大的偶数都可以表示为两个奇素数之和，并且两个数的质因数个数都不超过9个"，记为"9＋9"。

自此之后的大约半个世纪的时间内，各国的数学家们利用各种改进的筛选法逐步向最终目标"1＋1"逼近。以下就是偶数哥德巴赫猜想的研究证明进展情况：

1920 年，挪威的布朗证明了"9＋9"。

1924 年，德国的拉特马赫证明了"7＋7"。

1932 年，英国的埃斯特曼证明了"6＋6"。

1937 年，意大利女数学家蕾西先后证明了"5＋7""4＋9""3＋15"和"2＋366"。

1938 年和 1940 年，苏联的布赫夕太勃分别证明了"5＋5"和"4＋4"。

1948 年，匈牙利的瑞尼证明了"1＋c"，其中 c 是一很大的自然数。

1956-1957 年，中国的王元先后证明了"3＋4""3＋3"和"2＋3"。

1962 年，中国的潘承洞和苏联的巴尔巴恩分别独立证明了"1＋5"。

1963 年，中国的王元、潘承洞和苏联的巴尔巴恩又分别独立证明了"1＋4"。

1965 年，苏联的布赫夕太勃和小维诺格拉多夫以及意大利的庞比利分别独立证明了"1＋3"。

1966 年，中国的陈景润证明了"1＋2"。

目前，我国的数学家陈景润关于哥德巴赫猜想的证明结果是最佳结果，被称为陈氏定理，他的结果被认为"是筛选法理论的光辉顶点"。

到此，数学家离哥德巴赫猜想的最终证明"1＋1"似乎只有一步之遥，但经过40 多年的研究，至今无人能跨越这一小步。谁可以摘到这颗"数学皇冠上的明珠"，让我们拭目以待吧。

陈景润

185

尽管哥德巴赫猜想到目前为止还没有得到最终解决，但对它的研究极大地推动了20世纪解析数论的发展，围绕这一问题的解决所产生的强有力的方法，不仅是数论，也是数学其他分支的宝贵财富。

数学万花筒

埃拉托塞尼是古希腊的著名学者，他在对赤道长度的测量和质数选定上有很大的贡献。前者为他在同时代人中赢得荣誉，而后者则让后世之人对他敬佩有加。

他所发明的筛选法在现在看来是很烦琐，也是相当考验人毅力的。因为他的方法是把从2到n的整数尽可能多地写出来，然后进行筛选，具体方法是先划掉2的倍数，然后是3，4，5……的倍数，从而达到去掉合数的目的，到最后剩下的就是质数了。

因为这个被挖去合数的数表就像布满洞眼的筛子，因而得名"埃拉托塞尼筛子"。

相关阅读

哥德巴赫，德国著名数学家，因为提出著名的哥德巴赫猜想而名声大噪。

1690年，哥德巴赫出生于德国格奥尼格斯别尔格（现名加里宁城）。最开始哥德巴赫在英国牛津大学学习法学，后来一次偶然的机会，他结识了贝努利家族，从而对数学研究产生了兴趣。

哥德巴赫

1725 年，哥德巴赫来到俄国，同年被选为彼得堡科学院院士。1725—1740 年期间担任彼得堡科学院会议秘书。1742 年移居莫斯科，并在俄国外交部任职。

第五节
猜生日的奥秘

猜生日是一种数学游戏。古往今来，人们都非常关注自己的生日，对这个日期有一种独特的情结。因此，猜生日的数学游戏也就成为人们闲暇时候的一种乐趣，更是经久不衰。平时与同学们或家人朋友一起玩玩，也是一件挺有趣的事情。

加拿大的考克赛特教授在其著作《数学集锦》中就罗列了许多猜生日的游戏方法。下面我们一起来了解几个猜生日的游戏。

有一个游戏非常简单：让对方把自己出生的月份 x 和日期 y 组成一个数字 $100x + y$（生日数可能是 3 位数，也可能是 4 位数），如果是 3 位数就将这个数字乘以 667，如果是 4 位数就将这个数字乘以 6667，然后把乘积的最后三位或四位告诉你，你就能猜到他的生日是 x 月 y 日了。这一定会让对方感到莫名其妙，非常惊讶。

这个方法很简单，就是将他告诉你的那个三位数或是四位数乘以 3，得出的数字就是他出生的月份和日期了。为什么会是这样的呢？下面就为你解开这个推论的过程。

我们先来说说上面用到的 667 和 6667。666…667 这个数是由一串

6 和一个 7 组成的，被人们称为一路奇迹数，它有什么奥秘呢？让我们先看几个算式：

$21 = 3 \times 7$

$201 = 3 \times 67$

$2001 = 3 \times 667$

$20001 = 3 \times 6667$

......

还是以 723 为例，首先会算出：$667 \times 723 = 482241$

根据前面一路奇迹数的算式，我们也可以把 $667 \times 723 = 482241$ 看成为 $3 \div 3 \times 6667 \times 723 = 3 \div 2001 \times 723 = 482241$，也就是 $2001 \times (723 \div 3) = 482241$。

因为 2001 与任何一个三位数的乘积的后三位数就是这个数本身，也因此，在知道 667×723 乘积的后三位数是 241 后，只需要算出 241×3 就得出了想要的那位数。

除了这个游戏外，还有一种游戏是将分段函数、奇偶数检验等巧妙地结合在一起的。下面再介绍几种猜生日游戏的玩法。

第一种：

首先，选几个字母来代替数字，比如用 Y 代表年份，M 代表月份，D 代表日期。接下来，参与游戏的人通过 $N = 612Y + 37M + 18D$ 这个公式得到 N 的值。然后把计算结果告诉游戏的主持人，主持人就能知道你是哪年哪月哪日出生的。

它的解法是这样的：先把计算得出的七位数 N 的每一位数相加，直到得出一个一位数 A 为止。如果 A 与 N 同为奇数或偶数，则 A 就是月份 M；如果 A 与 N 是一奇一偶，则月份 M 等于 A + 9。求出 M 后，计算 $(N - 37M) \div 18$，所得的商再除以 34，此时的商就是出生年份，余数就是日期 D。

第二种：

让对方用自己生日的月份乘以 31，日期乘以 12，再把这两个乘积加起来，把得数告诉你，你就能知道他的生日了。

假设对方的生日是 x 月 y 日，通过公式 $a = 31x + 12y$。

第一步，确定生日的月份 x：求出 $a \div 3$ 的余数和 $a \div 4$ 的余数。

如果 a 是奇数：

除以 3 的余数	除以 4 的余数	生日的月份 x
0	1	3
0	3	9
1	1	7
1	3	1
2	1	11
2	3	5

如果 a 是偶数：

除以 3 的余数	除以 4 的余数	生日的月份 x
0	0	12
0	2	6
1	0	4
1	2	10
2	0	8
2	2	2

第二步，确定生日的日期 y。通过第一步确定 x 的值后，代入到算式 $y = (a - 31x) \div 12$ 中，即可求出 y 的值。

第三种：

利用下面五个表格，让对方说出自己出生的月份在哪些表中，就可以立即知道对方是哪一月出生的；让对方说出自己出生的日期在哪些表中，就可以立即知道对方是哪一天出生的。这种借助表格来猜生日的方法被称为"五表猜生日"。

```
1  3   5   7
9  11  13  15
17 19  21  23
25 27  29  31
```

A

```
2  3   6   7
10 11  14  15
18 19  22  23
26 27  30  31
```

B

```
4  5   6   7
12 13  14  15
20 21  22  23
28 29  30  31
```

C

```
8  9   10  11
12 13  14  15
24 25  26  27
28 29  30  31
```

D

```
16 17  18  19
20 21  22  23
24 25  26  27
28 29  30  31
```

E

这些表格是依据二进制的原理来设计的, 按照从左往右的次序, 这个值以二倍递增, 如 $(1)_{10}$ 记为 $(1)_2$, $(2)_{10}$ 记为 $(10)_2$, $(3)_{10}$ 记为 $(11)_2$, $(4)_{10}$ 记为 $(100)_2$, $\cdots$, $(16)_{10}$ 记为 $(10000)_2$, $(17)_{10}$ 记为 $(10001)_2$, $(18)_{10}$ 记为 $(10010)_2$, $(19)_{10}$ 记为 $(10011)_2$, $\cdots$, $(28)_{10}$ 记为 $(11100)_2$, $(29)_{10}$ 记为 $(11101)_2$, $(30)_{10}$ 记为 $(11110)_2$, $(31)_{10}$ 记为 $(11111)_2$。在玩游戏的时候, 按 *A*, *B*, *C*, *D*, *E* 顺序依次问对方卡片中有没有他的出生月份或者出生日期, 有就记为1, 没有就记为0。假如对方的回答他的出生日期是: 有 (1), 没有 (0), 有 (1), 有 (1), 有 (1)。那么他的出生日期为 11101, 转化成十进制为 29。

同样, 出生的月份也可以用表格猜出来。不过, 因为月份最大的数为（12）$_{10}$＝（1100）$_2$，小于（16）$_{10}$＝（10000）$_2$，所以只需要前面四个表格就可以了。

猜生日的游戏还有很多，你可以在网上或者书籍中查找更多的有趣的猜生日游戏，当然，你还可以用自己聪明的大脑去创造。

数学万花筒

如果你要猜一个人的生日，可以让他先把出生月日做如下运算：（D×5×4＋73）×5＋M－365。其中，M是月份，D是日期。得出的结果后两位是月份，前一位或两位是日期。

比如6月24日出生的人，其计算方法就是：

（24－5×4＋73）×5＋6－365＝2406

相关阅读

在一次旅游的途中，美国数学家维纳碰到一个聊得很投机的游客。两人在聊得比较熟之后，那位游客就问维纳有多大。维纳没有直接告诉他，而是给他出了一道题。全题如下：

我今年岁数的立方是个四位数，岁数的四次方是个六位数，这两个数刚好把0～9十个数字全都用上了。

乍一看这道题很难，其实不然。

首先岁数的立方是四位数，这确定了一个范围。10的立方是1000，20的立方是8000，21的立方是9261，22的立方是10648。所以，维纳的年龄应该是在10～21之中的一个数。

维纳

其次，岁数的四次方是个六位数也给定了一个范围。10 的四次方是 10000，只有五位数；17 的四次方是 83521，也不到六位数；18 的四次方是 104976，是六位数；19 的四次方 130321，20 的四次方 160000 和 21 的四次方 194481 都是六位数。因此，维纳的年龄范围进一步缩小到 18，19，20，21 四个数中。

第三，因为一个四位数和一个六位数刚好把 0～9 十个数字全都用上了，所以四位数和六位数中没有重复的数字。先来看六位数的四个数字：18 的四次方是 104976，都没有重复；19 的四次方是 130321，3 重复了；20 的四次方是 160000，0 重复了；21 的四次方是 194481，4 重复了。只剩下 18 一个数字，18 的立方是 5832，没有重复，并且与 18 的四次方刚好把十个数字全都用上。所以，维纳的年龄应是 18。

第六节
趣谈分东西的问题

韩信是我国历史上有名的大将，在秦末的楚汉之争中，他辅助刘邦打败西楚霸王项羽，奠定了汉朝的基业。在民间，流传着许多韩信的故事，少年韩信分油就是其中一个。

据说韩信年少的时候，有一天在街上看到一群人围在一起，就跑过去看看是怎么回事，原来是两个卖油的人正争吵不休。韩信便在那里停下来听他们究竟为什么争吵，听了一会终于知道，原来这两个人一起合伙卖油，但是因为意见不合，所以准备把油桶里还剩下的十斤油平分后就各奔东西。

这原本是件简单的事情，但是因为他们手中没有秤，除了那个装满油的容量为10斤的油桶外，就只有一个能装3斤油的葫芦和一个能装7斤油的瓦罐。他们用油桶倒来倒去，但是双方总也不满意，总觉得对方的油要比自己的多，因而就吵起来了。

有没有办法能把油分精确呢？韩信面对着眼前这两个互不相让的卖油人和油桶、瓦罐、油葫芦，默默沉思着。忽然他眼前一亮，大声地说道："你们不要吵了，没有秤，也能够分均匀！"说罢，他把办法告诉了卖油人，按照韩信的办法，两个人重新再分，果然都很满意。

韩信究竟用什么办法把油平均分配的呢？下面我们就来揭晓他的方法：

韩信分油

第一步：先用油葫芦连续三次装满，并倒入瓦罐中。7斤的瓦罐被装满后，油葫芦里还剩下2斤油，而油桶里只剩下了1斤油。

第二步：将瓦罐里7斤油全部倒入油桶，这时油桶里是8斤油。

第三步：将油葫芦里剩下的2斤油全部倒进瓦罐中，再把空葫芦装满油倒进瓦罐，这样油桶和瓦罐里便都是5斤油。

20世纪初的时候，曾有一道题风靡美国。美国作家本·艾姆斯·威廉曾经把它写成一篇小说，发表在1926年的《周末晚报》上。美国著名数学科普作家马·伽德纳不仅把它写进自己的著作里，并称它"不是一个简单的题目"。英国数理逻辑学家怀德海精心研究了这个问题，并且提出了一种很简单的解法。不过他的解法要用到不定方程的知识。

1979 年春，诺贝尔物理奖获得者、著名华裔物理学家李政道博士访问中国科技大学，并把这道题给少年班的大学生们做，并鼓励大家寻求最简便的解法。这道题叫"五猴分桃"，具体内容如下：

有 5 只猴子在一个小岛上发现了一堆桃子，它们想平均分配，但无论如何也分不开。随着天色暗了下来，于是大家相约去睡觉，准备第二天再分。

夜里，第一只猴子趁大家熟睡之际，偷偷爬到桃子边先取一个吃了，剩下的恰好可以平均分作 5 份，这只猴子便将其中一份藏了起来，然后重新去睡觉。过了一会，第二只猴子又爬起来，在剩下的桃子中也取一个吃了，剩下的也恰好可以平均分成 5 份，它也将其中的一份藏起来然后去睡觉。接着第三只、第四只猴子都先后偷偷起来，照此办理：先吃掉一个，然后把剩下的 5 份中的一份藏起来。最后第五只猴子起来，拿一个桃子吃了，剩下的桃子仍然可以平均分成 5 份。请问这堆桃子最少有多少只？

当年的《中国青年报》详细地报道了这次访问，并刊登了这道题目。一道数学题经过了这么多名人来插手，自然也就产生了名人效应，引起了大家的兴趣。当年有许多人，上至大学教授，下至中小学生，都曾经研究过这道问题的解法，散见于书刊杂志的各种不同解法至少有 10 余种之多。

下面就为大家介绍一种比较容易理解，同时也是计算量比较少的一种方法：

根据题目的说法，把所有的桃子平均分成 5 份后，还多出一个，如果给它再增加 4 个虚拟的桃子，那么便可以平均分成 5 份了。

假定原来有 x 个桃子，增加四个虚拟的桃子之后，就有了 $4+x$ 个，$4+x$ 应该是 5 的倍数，把它平均分成 5 份，其中一份全部是真桃子，剩下的 4 份每份都有一个虚拟的桃子。

当第一只猴子连吃带藏拿走全部都是真桃子的那一份后，剩下的（真）桃子同样可以平均分成 5 份，还多出一个，加上仍然保留着的 4 个虚拟的桃子后，同样又可以平均分成 5 份，因此 $x+4$ 又应该是 5 的平方的倍数。

依此类推，便知 $x+4$ 应该是 5 的 5 次方的倍数，因此它不能小于 3125，从而 x 不能小于 3121，即原来最少有 3121 个桃子。

这个问题之所以能用如此简单的方法，关键在于引进了 4 个虚拟的桃子，这叫作"无中生有"。

数学万花筒

"无中生有"是《三十六计》中的第七计。成语"无中生有"的原意是指凭空捏造，栽赃陷害。运用于军事上就是采用虚虚实实的办法，虚中有实，用假象欺骗敌人，使敌人判断失误的一种计谋。

"无中生有"在数学中也是解题办法的常用策略，如在证明几何题时添加辅助线，在代数中解方程或分解因式时引入辅助元等办法，都带有"无中生有"的意思。

李政道，江苏苏州人，1926 年出生于上海。美籍华裔物理学家，诺贝尔物理学奖获得者，因在宇称不守恒、李模型、相对论性重离子碰撞（RHIC）物理和非拓扑孤粒子场论等领域的贡献闻名。

1957 年，31 岁的李政道与杨振宁一起，因发现弱作用中宇称不守恒而获得诺贝尔物理学奖。他们的这项发现，由吴健雄的实验证实。李政道和杨振宁是最早获诺贝尔奖的华人。

第七节
有趣的完全数

完全数是个很有意思的概念，它常常又被称为完美数或者完备数。顾名思义，这显然说明它有非常完备的特质。这种特质就是：其所有的真因子（即除了自身以外的约数）的和（即因子函数），恰好等于它本身。

6 是第一个完全数，它的约数是 1，2，3 和 6。除了它自身之外，剩下的 1，2，3 这三个约数相加的时候，奇妙的事情发生了：$1 + 2 + 3 = 6$。

第二个完全数是 28，它的约数是 1，2，4，7，14 和 28。同样，除去 28 本身外，其余 5 个数相加：$1 + 2 + 4 + 7 + 14 = 28$。

完全数很早就被人发现了，根据学者的推测，古印度人和古希伯来人应该在很早以前就知道了它的存在。

公元前 6 世纪的毕达哥拉斯是最早研究完全数的人，他已经知道 6 和 28 是完全数。毕达哥拉斯曾说："6 象征着完满的婚姻以及健康和美丽，并且其和等于自身。"

有人认为《圣经》里面就暗示了完全数的存在，比如上帝花了 6 天时间创造这个世界，而用 28 天作为月亮绕地球一周的时间——6 和 28 就是完全数里面最小的两个。但圣·奥古斯丁说：6 这个数本身就是完全的，并不因为上帝造物用了 6 天；事实恰恰相反，因为这个数是一个完全数，所以上帝在 6 天之内把一切事物都造好了。

不管这两个数字是巧合还是有意而为，总之吸引了许多人开始尝试着探究完全数的奥秘。可是，寻找完全数并不是件容易的事。经过不少数学家研究，到目前为止，一共找到了 47 个完全数，因为数越大，约数越多，计算也越来越复杂。

而在寻找完全数的过程中，人们也发现一个很奇特的事情，这 47 个数字都是偶数。于是就会有人猜想，会不会有奇数的完全数存在？尽管没有发现奇完全数，但至少我们可以确定如果有，它一定是个很大的数字，因为当代数学家奥斯丁·欧尔已经证明，若有奇完全数，则其形式必然是 $12^p + 1$ 或 $36^p + 9$ 的形式，其中 p 是素数。因为根据这个推断，在 10 的 300 次方以内的自然数中奇完全数是不存在的。

除了所有的真因子的和等于完全数本身外，完全数还有很多有趣的性质：

（1）它们都能写成连续自然数之和（三角形数）。如：

$6 = 1 + 2 + 3$

$28 = 1 + 2 + 3 + 4 + 5 + 6 + 7$

$496 = 1 + 2 + 3 + \cdots + 30 + 31$

（2）每个完全数都是调和数，它们的全部因数的倒数之和都是 2。如：

$$\frac{1}{1} + \frac{1}{2} + \frac{1}{3} + \frac{1}{6} = 2$$

$$\frac{1}{1} + \frac{1}{2} + \frac{1}{4} + \frac{1}{7} + \frac{1}{14} + \frac{1}{28} = 2$$

（3）除6以外的偶完全数，还可以表达成连续奇立方数之和。如：

$$28 = 1^3 + 3^3$$

$$496 = 1^3 + 3^3 + 5^3 + 7^3$$

$$8128 = 1^3 + 3^3 + 5^3 + \cdots + 15^3$$

$$33550336 = 1^3 + 3^3 + 5^3 + \cdots + 125^3 + 127^3$$

（4）所有的偶完全数都可以表达成2的一些连续正整数次幂之和。如：

$$6 = 2^1 + 2^2$$

$$28 = 2^2 + 2^3 + 2^4$$

$$8128 = 2^6 + 2^7 + 2^8 + 2^9 + 2^{10} + 2^{11} + 2^{12}$$

$$33550336 = 2^{12} + 2^{13} + 2^{14} + \cdots + 2^{24}$$

（5）偶完全数都是以6或8结尾。如果以8结尾，那么就肯定是以28结尾。

（6）除6以外的完全数，把它的各位数字相加，直到变成一个个位数，那么这个个位数一定是1。如：

28：$2 + 8 = 10$，$1 + 0 = 1$

496：$4 + 9 + 6 = 19$，$1 + 9 = 10$，$1 + 0 = 1$

（7）完全数的二进制表达式也有一定的规律性。如：

$$(6)_{10} = (110)_2$$

$$(28)_{10} = (11100)_2$$

$$(496)_{10} = (111110000)_2$$

$$(8128)_{10} = (1111111000000)_2$$

数学万花筒

法国数学家马林·梅森对科学所做的主要贡献除了数学本身之外，更多的是他做到了一个资源整合的平台。

17 世纪时，科学刊物和国际会议等还远远没有出现，甚至连科学研究机构都没有创立，很多的研究成果都不能及时地传播开来，导致很多研究者都在进行重复的工作。

梅森年轻的时候就爱好结交不同的朋友，热情诚挚待人。慢慢地，德高望重的梅森就成了欧洲科学家之间的联系桥梁。许多科学家都乐于将自己研究的成果寄给他，然后再由他转告给更多的人。梅森和巴黎数学家笛卡儿、费马、罗伯瓦、迈多治等曾每周一次在梅森住所聚会，轮流讨论数学、物理等问题，这种民间学术组织被誉为"梅森学院"，它就是法兰西科学院的前身。因此，梅森也就被人们誉为"有定期学术刊物之前的科学信息交换站"。

1640 年 6 月，费马在给梅森的一封信中写道："在艰深的数论研究中，我发现了三个非常重要的性质，我相信它们将成为今后解决素数问题的基础"。这封信讨论了如 2^P-1 的数（其中 p 为素数）。

其实，早在公元前 300 多年，古希腊数学家欧几里得就开创了研究 2^P-1 的先河，他在名著《几何原本》第九章中论述完美数时指出：如果 2^P-1 是素数，则 $(2^P-1)2^{(p-1)}$ 是完美数。

梅森在欧几里得、费马等人的有关研究的基础上对 2^P-1 做了大量的计算、验证工作，并于 1644 年在他的《物理数学随感》一书中断言：对于 $p=2$，3，5，7，13，17，19，31，67，127，257 时，2^P-1 是素数；除这些数外，对于其他所有小于 257 的数，2^P-1 是合数。前面的 7 个数（即 2，3，5，7，13，17 和 19）属于被证实的部分，是他整理前人的工作得到的；而后面的 4 个数（即 31，67，

马林·梅森

127 和 257）属于被猜测的部分。不过，人们对其断言仍深信不疑，连大数学家莱布尼茨和哥德巴赫都认为它是对的。

虽然梅森的断言中包含着若干错误，但他的工作极大地激发了人们研究 2^p-1 型素数的热情，使其摆脱作为完美数的附庸的地位。可以说，梅森的工作是素数研究的一个转折点和里程碑。由于梅森学识渊博，才华横溢，为人热情以及最早系统而深入地研究 2^p-1 型的数，为了纪念他，数学界就把这种数称为"梅森数"，并以 Mp 记之（其中 M 为梅森姓名的首字母），即 $Mp=2^p-1$。如果梅森数为素数，则称之为"梅森素数"（即 2^p-1 型素数）。

相关阅读

马林·梅森是 17 世纪法国著名的数学家和修道士，也是当时欧洲科学界一位独特的中心人物。

虽然他本身是宗教人士，但他却在科学推动上耗费了更大精力，做出了更多贡献。因为其社交广泛，他也是当时整个欧洲科学界的核心人物，与伽利略、笛卡儿、费马、帕斯卡等著名科学家是十分亲密的朋友。而且当笛卡儿的哲学思想遭到了来自教会的批评时，他甚至不顾修道士的身份，反对教会对笛卡儿的指责。

第八节
分解正方体

同学们，有没有想过一个正方体可以分解成多少个正方形？答案是一个正方体可以分解成 8 个或是 27 个小正方体。

如果正方体可以分解成 n 个小正方体，那么将其中的一个小正方体再分成 8 个或 27 个，这样原来的立方体就可以分解成 $n + 7$ 或 $n + 26$ 个立方体。于是，一个正方体可以分解成 15，22，29，36，43，50……及 34，41，48……个小正方体。

1946 年，威廉·斯科特证明了一个正方体可以分解成 n 个正方体，这里 $n = 1$，8，15，20，22，27，29，34，36，38，39，41，43，45，46，48，49，50，51，52，53 及大于 54 的任一整数。

美国数学家霍华德·伊夫斯在他的著作《调查几何》中介绍了上述结果。一位叫冯·克里斯蒂安的数学爱好者读了此书后，在 1969 年告诉伊夫斯 n 也可以为 54。于是在该书 1972 年的修订版中，已改成 $n = 1$，8，15，20，22，27，29，34，36，38，39，41，43，45，46 及大于 47 的整数。

伊夫斯的书中并未给出具体的分法，但这些分法只要多想一想就不难得出。

首先，$20 = 3^3 - 2^3 + 1$。就是说如果正方体分成 27 个小正方体，再将其中 8 个（比如左上角的 8 个）并作一个，那么原正方体就分成了 20 个小正方体。于是，如果一个正方体可以分解成 n 个正方体，那么它也可以分解成 $n + 19$ 个正方体。

同样 $38 = 4^3 - 3^3 + 1$。于是，一个正方体可以分解成 38 个正方体。而且根据上面所说，也可以分解成 45，52……个正方体。又因为

$39 = 20 + 19$，$46 = 20 + 26$，$53 = 34 + 19$，所以，正方体可以分解为 39，46，53 个正方体。

在斯科特所给出的 n 中，小于 54 的数只剩下 49 与 51 了。这两种分解均比较困难，我们有等式 $49 = 6^3 - 4 \times (3^3 - 1) \times 9 \times (2^3 - 1)$，这表明先将正方体分解成 6^3 个（边长为原正方体的 $\frac{1}{6}$）正方体，再将正前面的 4×3^3 个正方体合成 4 个正方体，中间 9×2^3 个正方体合成 9 个正方体，就可以得出 49 个正方体。这种分解的俯视图如下图 1 所示（假定原正方体边长为 6）。

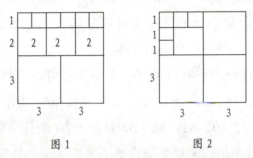

图 1　　　　　　图 2

同样，等式 $51 = 6^3 - 5 \times (3^3 - 1) - 5 \times (2^3 - 1)$，表明可以把正方体分解为 51 个正方体，方法仍旧是先将正方体分解为 63 个正方体，再适当合并。假设原正方体边长为 6，下层俯视图仍为图 1，而上层的俯视图为图 2，其中边长为 3 的正方体有 5 个，边长为 2 的正方体有 5 个（下层 3 个，上层 1 个，还有 1 个在两层中间）。

为了将正方体分成 54 个小正方体，我们首先将底面为正方形、高为底面边长两倍的长方体（实际上就是两个相同的正方体垒在一起）分成 48 个正方体。不妨设底面边长是 4 个单位，将这长方体分成 2×4^3 个单位正方体，再加以合并。从正前面看去（主视图），如图 3，有两个边长为 3 的正方体，最上面是 4 个边长为 2 的正方体，其余都是边长为 1 的正方体，共有 $2 \times 4^3 - 2 \times (3^3 - 1) - 4 \times (2^3 - 1) = 48$ 个正方体。

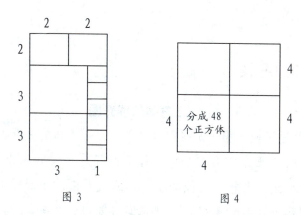

图 3　　　　　　　　图 4

如图 4，假定一个正方体的边长是 8，可以分成 8 个边长为 4 的正方体，其中 6 个保持不动，而将左前方的两个垒在一起的正方体，作为一个上面所说的 4×4×8 的长方体，分成 48 个正方体。这样原正方体便分成了 48 + 6 = 54 个正方体。

当然，在能够分解时，分解的种数未必只有一种，要确定分解种数，除了少数情况外，看来不是一件轻而易举的事情。

数学万花筒

一个正方形可以分解为 4 个正方形，但是你知道吗？一个正方形也可以分解为 6，7，8 个正方形（如下图 b、c、d 所示），其中图 c 实际上是将图 a 的一个小正方形再分为 4 个更小的正方形，从而将一个正方形分成 4 + 3 个正方形，用这个方法也可将正方形分成 6 + 3、7 + 3、8 + 3……个正方形。因此，一个正方形可以分成 n 个正方形，这里 n 为 4 或不小于 6 的整数。另一方面，稍作推理便可知道一个正方形不能分成 2，3，5 个小正方形。

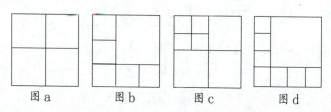

图 a　　　　图 b　　　　图 c　　　　图 d

相关阅读

正方体的展开图

（1）通过操作明了哪些图形可以成为正方体的展开图。

我们知道正方体有 6 个面，每个面都是相同的正方形。我们把 6 个相同的小正方形排出可能的正方体的展开图的平面图形，一共有 35 种平面图形。然后动手操作，把它们依此进行折叠，排除不能够折叠成为正方体的平面图形，保留能够折叠成正方体的平面图形，保留下来的图形就是正方体的平面展开图。

（2）对正方体的 11 种平面展开图进行分类分别记忆掌握。

正方体的平面展开图有 11 种之多，不容易记牢记全。为了更好地记忆掌握，我们可以把这 11 种展开图分成 4 类，只要把握各类的特征，就容易记忆了。

第一类：中间四连方，两侧各一个，共 6 种。

第二类：中间三连方，两侧各一个和两个，共 3 种。

第三类：中间二连方，两侧各两个，只有 1 种。

第四类：两排各 3 个，也只有 1 种。

对正方体表面展开图的 11 种情况，为加深记忆，可编成如下口诀：一四一呈 6 种，一三二有 3 种，二二二与三三各 1 种，展开图共有 11 种。

正方体 11 种展开图